달고나 만들기 보다 더 쉬운 커피로스팅

- 원제 : 커피로스팅 원리를 담다 -

김주원 지음

도서출판 홍릉

달고나 만들기 보다 더 쉬운

커피로스팅

인 쇄 : 2023년 8월 17일 초판 1쇄
발 행 : 2023년 8월 24일 초판 1쇄

저 자 : 김주원
발행인 : 송 준
발행처 : 도서출판 홍릉
주 소 : 01093 서울시 강북구 인수봉로 50길 10
등 록 : 1976년 10월 21일 제5-66호

전 화 : 02-999-2274~5
팩 스 : 02-905-6729
e-mail : hongpub@hongpub.co.kr
http://www.hongpub.co.kr
ISBN : 979-11-5600-120-1(03590)

정 가 : 16,000원

차례

머리글

담는 글을 시작하며

‘달고나’ 하면 우리나라 사람이라면 알고 있을 겁니다. 오징어 게임이라는 미디어를 통해서 전 세계 사람들도 많이 알게 되었습니다.

현대인이 마시는 커피는 전 세계적으로 모르는 사람이 없을 정도로 많이 마시는 음료입니다. 커피머신에서 추출한 에스프레소에 물을 넣어 마시는 아메리카노와 에스프레소의 재료인 커피원두도 모르는 분이 없을 겁니다.

오징어게임에 나오는 달고나 만드는 방법도 우리나라 사람이라면 모르는 사람이 없을 것입니다. 그런데 커피원두를 만드는 커피 로스팅은 혹시 알고 있으신가요?

이제부터 놀라운 이야기를 전해 드리도록 하겠습니다.

달고나 만드는 것보다 커피원두를 만드는 커피로스팅이 더 쉽다면 믿을 수 있으신가요? 커피로스팅을 아는 사람들은 말도 안 된다고 할 것입니다. 그러나 자신 있게 말할 수 있습니다.

"달고나 만드는 것보다 커피로스팅이 더 쉽다고~"

커피를 배웠거나 커피로스팅을 조금이라도 해보신 분들이라면 이야기 합니다. 커피로스팅은 어렵다고 말을 합니다.

어떤 점이 무엇 때문에 커피로스팅은 어렵다고 이야기들을 하는 것일까요? 커피로스팅에서의 경험을 토대로 찾을 수 있었습니다.

왜냐하면 '눈에 보이지 않는 것' 때문에 어렵다고 합니다.

어렵다고 하는 것을 쉽게 할 수 있는 방법이 있을까요? 아마도 없을 겁니다. '눈에 보이지 않는 것' 때문이라면 더욱 쉽지 않을 겁니다.

예를 하나 들어 보겠습니다.

3*3 큐브를 맞추어 본적 있으신가요? 큐브 한 면을 맞추는 것은 조금만 노력 한다면 어렵지 않게 맞출 수 있습니다. 그러나 큐브의 두 면을 맞춘다고 한다면 그때부터는 힘들어 지기 시작합니다.

저도 한 면은 맞출 수 있었지만 두 면 이상은 맞출 수 없었습니다. 큐브의 모든 면을 맞추려는 것은 시도조차도 해보지 않았던 사람이었습니다.

어느 날 초등학생 아들이 3*3 큐브를 맞추다 결국 포기하고 분해하여 같은 색의 면을 끼워 맞추는 것을 보았습니다. 그 때 마음에 강력한 의지가 생기며 큐브를 맞추기 위해 동영상을 보며 따라 하기 시작했습니다. 불과 30분도 안되어서 큐브 모든 면을 맞출 수 있었습니다.

3*3 큐브의 모든 면을 맞추기는 어렵겠지만 맞추는 공식을 대입하고 조금의 노력이 더하여지면 어른이나 아이 할 것 없이 누구든지 쉽게 맞출 수 있습니다.

만 번, 이만 번을 볶아도 오랜 시간을 볶아도 커피로스팅은 어렵다고 이야기들을 합니다. 저도 어려웠습니다. 그러나 포기하지 않고 끝까지 노력하니 쉬워졌습니다.

커피로스팅의 원리를 담기 위해서 심리학과 뇌 과학 등의 여러 분야의 지식들을 접하니 어렵다고 하는 이유를 조금은 이해를 할 수 있었습니다.

지금껏 살아온 생활방식과 습관으로 새로운 것을 배우려고 할 때 우리의 뇌는 힘들어 합니다. 그리고 어렵다로 생각하게 만들고 포기하게 만듭니다.

커피로스팅은 '눈에 안 보이는 것'으로 인하여 어렵습니다. 그러나 3*3 큐브와 같이 공식을 대입 하였을 때 모든 면들을 맞출 수 있었던 것처럼 커피로스팅의 원리를 배우고 적용하면 쉬워집니다.

저는 우연한 계기로 커피를 시작하였습니다. 글을 쓰는 현시점에서 돌아보니 거부할 수 없는 운명이라고 할 수 있습니다. 믹스커피를 즐겨 마셨으며 아이스커피에 시럽을 가득 넣어 달달하게 음료수처럼 마시던, 제가 만드는 커피와는 전혀 상관이 없었던 지극히 평범한 사람이었습니다.

그러던 어느 날 이었습니다. 사람마다 삶의 전환점이 찾아온다고 합니다. 40대 초반이 지날 무렵의 나이에 삶의 전환점이 찾아 왔습니다.

좋은 전환점이면 좋았겠지만 안타깝게도 직장암 3기라는 좋지 않은 병과 함께 전환점이 찾아 왔습니다.

두 번의 항암과 두 번의 수술로 인하여 면역력은 바닥까지 떨어졌습니다. 햇볕에 조금만 앉아 있어도 머리가 핑하며 쓰러질 정도였습니다.

10개월 정도의 시간이 지났을 무렵에 커피를 권유받고 한 달을 고민한 끝에 시작하게 되었습니다.

커알못(커피를 알지 못하는 사람) 이었고 아리차가 커피인지도 모르고 차(tea)인줄 알고 시켰었던 적도 있었습니다. 커피의 지식이 너무나 부족한 것을 느끼고는 공부를 하기 시작했습니다. 지식이 많아질수록 커피의 세계가 얼마나 넓은지를 실감할 수 있었습니다.

커피의 산미를 알기위해 무조건 마시기 시작한지 6개월 정도 지났을 때 입안을 가득히 채우는 과일의 산미와 단 맛이 느껴지기 시작했습니다. 잠들어 있던 미각이 깨어나고 직접 만들기 위해 커피로스팅을 시작했습니다.

커피로스팅을 독학으로 시작하였기에 발전 속도는 더디기만 하고 원하는 산미와 단 맛은 볼 수 없었습니다. 그때를 회상하니 보이지 않던 아주 큰 벽들과 장애물이 있었습니다. 그리고 그때마다 본인에게 질문을 하였습니다.

"보이지 않는 벽과 장애물의 실체는? 해결할 방법은?"

이제와 생각해 보니 '메타인지'로 제가 무엇을 모르는지 묻고 생각하고 찾아가고 있었습니다.

크게 보였던 보이지 않던 벽은 한 달을 고민하며 넘었습니다. 또 다른 어마어마하게 더 높았던 보이지 않던 벽은 해결하는데 두 달이나 걸리기도 하였습니다. 지나왔던 시간들을 돌아보니 여러 이유들을 알게 되었습니다.

'열의 특성, 로스터기의 특성, 커피생두의 특성'

여러 벽들 중에서도 위의 3가지 큰 벽들이 있었고 모두 눈에 보이지 않기에 어려운 것임을 알게 되었습니다.

어렸을 적 과학자가 꿈이었는데 40대 중반이 되어서 과학으로 커피로스팅의 원리를 찾아가고 있었습니다. 열을 공부하며 로스터기의 보이지 않는 특성들을 공부하고 생두를 관찰하며 꽁꽁 숨겨져 있는 원리들을 찾아가기 시작했습니다.

'커피란 무엇인가'를 이야기할 때 사람들은 정말 다양하게 말합니다. 그리고 모두가 다르게 이야기 합니다.

"과학, 힐링, 소통, 삶, 여유, 설레임, 진심, 행복, 사랑.."

제가 존경하는 한 분은 "커피는 라면이다"라고 합니다.

커피를 잘 내린다고 로스팅을 잘한다고 커피를 잘하는 것이 아님을 알게 되었습니다. 여러 가지 수식어가 붙는 것은 사람마다 다양하게 느끼는 것이고 똑같은 커피 한잔을 마셔도 사람마다 다르게 느끼는 것임을 알게 되었습니다.

커피는 과학적으로 접근해야 할 부분이 많습니다. 하지만 과학만으로는 해결할 수 없는 부분은 더욱 많습니다.

커피의 다양하고 넓은 세계는 혼자서는 볼 수가 없습니다.

왜냐하면 사람들과의 소통으로만 볼 수가 있기 때문입니다. 다양한 사람들과의 각자 다른 느낌을 통해서 커피의 넓은 세계를 볼 수가 있습니다.

글을 읽으시는 독자분들에게 감사드립니다. 언제나 응원하여 주셨던 예하밴드의 모든 분들께도 감사드립니다.

저의 커피로스팅 발전에 지대한 공헌을 해주신 세 분의 선생님께 진심으로 감사드립니다.

예하카페 초창기부터 매일매일 자주 오셔서 커피맛에 대하여 얘기하여 주신 부부손님께 깊은 감사를 드립니다.

힘들 때마다 옆에서 도와주고 응원해주고 그림을 그려주며 재능을 기부해준 이 세상에서 가장 아름답고 사랑하는 이선자 선생님께 감사와 사랑을 전합니다.

커피의 세계를 걸을 수 있도록 인도해주시고 많은 지식과 지경을 넓혀 주신 진짜커피사랑이야기의 김민호 목사님께 진심으로 감사를 드립니다.

지혜를 주시는 하나님께 감사를 올려 드립니다.

Story 1

커피로스팅-발상단계

(커피로스팅 동기부여)

1. 커피로스팅은 무엇인가
2. 커피로스팅 의식을 깨우자
3. 커피로스팅은 쉽다
4. 달고나와 같은 커피로스팅

Story 1

사람은 자기가 아는 것과 모르는 것을 혼동할 때가 많습니다. 본인이 모르는 것을 때로는 아는 것으로 착각하는 경우도 있습니다.

사람은 3가지의 생각을 가집니다.

'정확히 아는 것'과 '아는데 기억이 나지 않는 것' 그리고 '모르는 것'이 있습니다.

정확히 아는 것은 "우리나라의 수도는?" 이라고 묻는다면 바로 서울이라고 대답합니다. 우리나라 사람이라면 서울이 수도라는 것을 정확히 대답합니다.

아는데 기억이 나지 않는 것은 듣기는 들었는데 떠오르지 않는 것입니다. 예를 든다면 "호주의 수도는?" 이라고 묻는다면 기억이 나시나요? 분명히 들어본 것 같은데 정확히 기억하는 사람이 아니라면 기억이 나지 않을 겁니다. 예능에서도 자주 문제로 쓰고 있습니다. 혹시 시드니라고 생각하는 것은 아니시죠? 호주의 수도는 캔버라입니다.

모르는 것은 아예 들어보지도 못한 것입니다. 예를 든다면 "파푸아뉴기니의 수도는?" 이라고 물어본다면 그냥 포기해 버립니다. 왜냐하면 진짜 모르기 때문입니다. 참고로 파푸아뉴기니 수도는 포트모르즈비입니다.

그런데 중요한 것은 정확히 아는 것과 기억이 나지 않는 것을 사람들은 혼동 한다는 것입니다.

어렴풋이 알거나 한번 들었는데 기억이 나지 않으면서도 아는 것으로 사람들의 뇌는 생각합니다.

'커피로스팅 원리를 담다'는 본인이 무엇을 알고 모르는지를 객관적으로 분석하고 모르는 것을 알도록 도와드리는 책입니다. 모르는 것을 정확히 구분할 수 있다면 알기 위해서 본인 스스로가 노력을 하게 됩니다.

어떤 일이든지 시작할 때는 동기가 필요합니다. 동기가 없으면 어떤 일이든지 시작하기가 어렵습니다.

발상 단계에서는 커피로스팅을 시작할 수 있도록 동기를 부여해 드립니다.

1. 커피로스팅은 무엇인가?

커피로스팅을 왜 배워야 할까?

커피로스팅 교육을 시작할 때 교육생들에게 가장 먼저 하는 질문이 있습니다. 본인들에게 “커피란 무엇이라 생각하며 커피로스팅을 시작한 동기는 무엇인가요?”

교육생들은 여러 가지 대답을 하는데 그중에서도 의외로 많은 교육생들이 아래와 같은 대답을 합니다.

“커피값 아끼려구요~”

커피값을 아끼기 위해 커피로스팅을 배우려는 사람들이 의외로 많이 있습니다. 갑자기 궁금하여졌습니다. 1년에 커피값으로 얼마를 쓰는지를 계산해 보았습니다.

직장생활을 하는 직장인 이라고 한다면 주일에 5일을 근무 합니다. 1주일 5잔씩 잡고 4주를 계산하면 한 달에 20잔이 나옵니다. 여기에 12달을 계산하니 240잔이 나오고 평균 한 잔에 4천원을 잡으니 960,000원 나옵니다.

커피 값으로 1년에 100만원을 쓰는 것입니다.(커피 값은 평균값으로 베리에이션과 다른 모든 커피를 포함한 근사치의 값입니다.)

"우와~~"

1년에 100만원을 커피 값으로 쓰고 있었습니다. 계산해보기 전까지는 몰랐는데 꽤 많은 금액을 쓰고 있었습니다. 그렇기 때문에 커피로스팅을 배우려고 한다는 교육생의 마음을 이해할 것 같습니다.(커피 값으로 200만원 넘게 쓴다는 분도 계셨습니다.)

그렇다면 커피로스팅을 직접 할 때는 얼마의 비용이 드는지를 계산해 보겠습니다.

커피생두 1kg이 2만원(품질 좋은 생두이며 품질이 우수한 생두임) 이라고 할 때 로스팅 후의 원두는 약 840g이 남습니다. 20g을 푸어오버 방식의 브루잉 추출로 내린 커피한잔으로 계산하면 42잔이 나오고 곱하기 6을 하면 252잔이 나옵니다. 생두 1kg에 2만원이니 6kg이면 12만원이 나옵니다.

"우와~~"

16만원을 빼더라도 1년에 80만원이나 아낄 수 있습니다. 저도 처음 계산해 봤는데 어마어마하게 절약할 수 있었다니 정말 놀라웠습니다.

물론 커피로스팅이 어렵기도 하고 로스터기와 커피추출 장비도 구입하고 배워야 하니 힘들다 할 수 있습니다.

그러나 커피머신은 정수기와 함께 나올 정도로 발전을 거듭하고 있으며 커피추출은 간단한 방법도 많아서 집에서 커피마시는 것은 결코 어렵지가 않습니다.

문제는 커피로스팅이 다들 어렵다고 하기에 시작을 못하는 분들이 많습니다. 어떻게 시작해야 할지도 모르고 시작한다고 해도 하는 방법 자체도 모릅니다. 여러 가지 이유로 커피로스팅을 시작하기가 힘들다고 합니다.

그렇지만 걱정하지 마시길 바랍니다.

왜냐하면 그 부분은 제가 해결해드릴 것이기 때문입니다. 이 책을 출간하게 된 이유이니 이제 저만 믿고 따라오시면 됩니다.

금전적인 부분이 절약되어 좋을 것입니다. 그리고 커피로스팅을 하며 드립이나 추출을 할 때 나는 커피향이 마음에 즐거움과 편안함을 전해 줄 겁니다. 친구나 이웃들에게 나눔을 할 수 있어서 행복한 커피생활을 누릴 수 있습니다.

그런 의미에서 '커피로스팅 원리를 담다'는 커피 전문가의 기술분야가 아닌 일반인분들도 커피로스팅을 쉽게 접근할 수 있도록 도와드릴 것입니다.

2. 커피로스팅 의식을 깨우자

사람만 생각할까? 동물은 생각하지 못할까?

사람은 생각하는 동물이며 행동하는 동물입니다.

사람은 생각을 하며 행동을 합니다. 물론 생각보다 행동을 먼저 하는 사람들도 많습니다. 그러나 동물들은 생각보다는 본능에 의해서 살아갑니다.

혹시 아시나요? 동물들의 본능도 어떠한 환경에서 자랐느냐에 따라서 달라집니다.

육식동물이 초식동물들 속에 자라나면 초식동물로 행동을 하게 됩니다. 요즘 동영상 등에서 초식동물들과 육식동물이 친구로 지내고 고양이가 병아리를 품는 장면들 또한 볼 수 있습니다.

그렇다면 사람은 어떠할까요?

사람은 태어난 이후부터 생각과 행동들이 형성됩니다. 그리고 '나'라는 존재가 되어갑니다. 나란 존재로 습관화되어 움직이고 생각하며 행동을 합니다.

조금 다르게 생각해 보겠습니다.

무엇을 보고 듣고 생각하고 행동하느냐에 따라 본인이란 존재가 되어갑니다. 그리고 OOO이라는 이름으로 살아가게 됩니다. 물론 사람마다 가지고 태어나는 자아라는 의식이 있기에 모든 사람은 달라집니다.

각자 본인들이 살아오면서 습관화된 생각과 행동들이 커피로스팅에도 적용되는 것을 아십니까?

그러나 상관없습니다. 살아오면서 익힌 지식이나 행동 그리고 습관들이 전혀 다르다 해도 상관이 없습니다.

이제부터 제가 이글을 읽으시는 독자분들의 '잠재의식 하나'를 깨워 드릴 것입니다. 본문으로 들어가기에 앞서 먼저 본인의 잠재의식 하나를 깨우면 됩니다.

"커피로스팅이 진짜로 어렵나요?"

맞습니다. 저도 어려웠던 적이 있습니다. 그러나 지금은 쉽습니다. 너무나 쉬워졌습니다.

커피로스팅이 어려운 원인들은 알고 있었지만 쉽게 설명하기 위해서 찾고 또 찾아보았습니다. 그리고 드디어 찾았습니다. 어려운 원인들을 '뇌 과학'과 '인지심리학'에서 찾을 수 있었습니다.

사람의 뇌는 어렵다고 생각되면 스트레스 호르몬을 방출합니다. 집중력을 떨어트리고 피곤하게 만들어 휴식을 취하게 만듭니다. 그러면 본인은 생각할 것입니다.

"커피로스팅은 나랑 안 맞아"

스트레스를 이겨내는 사람들은 쉬운 방법을 찾으려고 노력합니다. 그러다 찾지 못하면 결국에는 스트레스를 덜 받기 위해서 포기해 버리기도 합니다.

이제부터 본인의 잠재의식 중에 하나를 깨우겠습니다. 어쩌면 벌써 잠재의식을 깨워서 그 의식과 능력을 사용하시는 분들도 있을 겁니다.

잠들어 있는 잠재의식 하나만 깨우면 됩니다. 그전에 먼저 잠재의식 속에 하나를 심어야 합니다.

커피로스팅은 '쉽다'란 생각을 잠재의식에 심으면 됩니다. 그리고 잠들어 있는 '쉽다'란 의식을 깨워야 합니다. '커피로스팅은 쉽다'라는 생각을 잠재의식에 심고 깨워야 합니다.

사람들은 살아가면서 어려운 것과 쉬운 것에 학습되어 있고 본인보다 본인의 뇌가 이 사실을 더 잘 알고 있기에 어려운 것을 만나면 피해가려고 노력합니다.

이세상의 모든 걸 쉽게 만드는 건 불가능할 겁니다. 그러나 '커피로스팅은 쉽다'란 생각 하나를 의식 속에서 자라게 하는 건 어렵지 않습니다. 심고 자라며 나무가 되도록 매일매일 생각하면 됩니다.

그럼 어떤 일이 벌어질까요?

지금까지 상상도 못했던 놀라운 일이 벌어집니다. 제가 그랬던 것처럼 커피로스팅이 쉬워집니다.

이제 커피로스팅을 시작하면 됩니다.

그러면 사람의 뇌는 로스팅이 쉽다고 생각하고(의식에 심어져 있기에) 쉬운 방법을 스스로 찾게 됩니다. 당연한 것처럼 찾게 됩니다.

이제 따라만 오시면 됩니다. 시작할 때는 나의 뇌가 거부를 하거나 불편할 수도 있습니다. 그럼에도 하루일과를 마치고 잠들기 전에 '커피로스팅은 쉽다'란 생각을 하시길 바랍니다. 아침에 깨어난 후에는 자신에게 '커피로스팅은 쉽다'를 말하고 자신에게 말 하는 걸 습관화하길 바랍니다.

본인의 의식에 인지되고 새로운 습관이 들기 시작합니다. '어렵다'라는 본인 내면의 의식은 잠들어 사라지며 '쉽다'란 잠재의식이 깨어나고 자라나며 습관화되고 쉬운 방법을 찾아가게 됩니다.

3. 커피로스팅은 쉽다

'커피로스팅 원리를 담다'는 저의 커피로스팅 지식이나 기술만을 적어 놓은 책이 아닙니다. 커피로스팅 지식이나 기술을 적어놓은 책들은 서점이나 인터넷 판매처에서 쉽게 구입할 수 있습니다.

이 책에는 커피로스팅에서의 '어렵다'고 하는 것이 무엇인지를 찾아 드립니다. 왜 어려운지를 이해하고 '어렵다'란 단어 대신에 커피로스팅은 '쉽다'로 바꾸어 드립니다.

커피로스팅을 하면서 습득한 로스팅 원리와 로스팅 노하우와 다양한 이야기들을 담아놓은 책입니다.

커피는 왜 '다르다'라고 하는지 이유를 찾기 위해 심리학을 공부하였습니다. 사람의 개개인마다 다르게 느끼는 감성적인 마음을 심리학적 측면에서 담았습니다.

커피로스팅을 하는 분들을 분석한 결과 크게 3가지로 나뉨을 알게 되었습니다.

첫 번째 '안된다'
두 번째 '어렵다'
세 번째 '찾겠다'

이 글을 읽는 독자분들은 어디에 속하십니까?

첫 번째 '안된다'라는 예를 들어 보겠습니다.

상업용 로스터기로 커피로스팅을 배운 A라는 사람이 있습니다. 교육받은 내용과 프로파일로 상업용 로스터기를 무난하게 잘 사용할 수 있습니다. 특별히 어려운 커피생두가 아니면 언제나 안정적인 커피로스팅을 할 수 있습니다.

A는 새로운 소형(홈)로스터기로 커피로스팅 하였을 때 원하는 향미의 원두를 만들지를 못합니다. 지금까지 받았던 교육과 프로파일로 소형 로스터기에 대입해보고 습관화 되었던 로스팅 방식을 적용해 보지만 원하는 향미의 커피원두를 만들기는 쉽지가 않습니다.

결국 A의 마음에는 크고 비싸고 이름이 알려진 로스터기가 좋은 로스터기이며 소형의 작은 로스터기는 안 된다고 생각해 버립니다. 소형 로스터기는 안 되는 것으로 간주해 버립니다.

두 번째 '어렵다'라는 예를 들어보겠습니다.

커피로스팅에 입문한 B라 사람이 있습니다. B는 한 가지 로스터기만을 사용합니다. 한 가지 로스터기란 상업용 로스터기 일수도 있으며 소형 로스터기 일수도 있고 팬 로스터기 일수도 있습니다.

B는 책을 보기도 하고 커피로스팅을 아는 분에게 배우기도 하며 본인 스스로가 노력을 합니다. 커피생두가 가지고 있는 향미를 발현하기 위해서 노력을 합니다.

B는 가지고 있는 로스터기로 최선을 다해보지만 원하는 커피향미 발현을 할 수 없었습니다. 결국에는 다른 로스터기를 구입하였고 열심히 노력하면서 한 단계씩 발전해 나갑니다.

하지만 자주 로스팅의 발전은 가로 막혔습니다. 커피로스팅은 쉽다고 생각하며 독학으로 시작했는데 눈에 보이지 않는 벽과 장애물들이 발전을 가로막고 있었습니다. 하나의 보이지 않는 벽을 넘으면 또 다른 보이지 않는 장애물이 가로 막고 있었습니다.

그렇다고 B의 커피원두에서 향미들이 없는 것은 아닙니다. 문제는 B가 사용해 보지 못한 종류의 로스터기를 만날 때는 사용하기가 쉽지 않았습니다. 또 다른 커피생두를 만날 때도 계속해서 어려워합니다.

열심히 노력하면 될 줄 알았지만 보이지 않는 벽과 장애물이 가로막고 있었기에 결국에는 본인 마음 안에서 커피로스팅은 어렵다는 것으로 인지되었고 각인되어 버립니다.

마지막으로 세 번째 '찾겠다'라는 예를 들겠습니다.

'찾으려고 하는 자는 찾을 것이다'라는 유명한 명언을 좋아하는 C라는 사람이 있습니다.

C는 향미가 가득한 커피원두를 만들 수 있는 로스터기를 찾고 있는 중입니다.

하나의 로스터기를 선정한 후에 로스팅을 하기 위해서 무엇을 해야 할지 계획을 세웁니다. 생두를 구입하고 커피로스팅을 시작하며 원인분석에 들어갑니다. 커피로스팅이 쉽지 않은 것을 느끼고는 무의식적으로 프로파일을 작성하고 커피로스팅을 실행하며 원인 분석에 들어갑니다. 원인분석을 하며 커피로스팅도 머릿속에 그려보며 예상 프로파일을 미리 만들기도 합니다.

온도변화를 주는 여러 가지 환경이 커피로스팅에 영향을 주는 것을 느끼며 지속적으로 원인분석에 들어갑니다. 그리고 커피로스팅의 원리를 발견하게 됩니다.

커피로스팅의 원리를 적용하면서 원두에서는 좋은 향미들이 나기 시작합니다. 좋은 향미가 나지 않을 때에는 원인분석을 하며 결국에는 향미 가득한 원두를 만나는 커피로스팅을 매일 매일 하게 됩니다.

로스터기가 바뀌어도 환경이 바뀌어도 어느 곳에서도 좋은 향미의 원두를 만날 수 있었습니다. 커피로스팅의 원리를 적용하니 커피원두의 향미는 언제나 좋았습니다.

C에게는 커피로스팅은 너무나 쉬웠습니다.

지금까지 예로 나온 사람들 중에서 독자분들은 어디에 속한다고 생각하시나요? 눈치 빠른 분들은 아시겠지만 C는 저의 이야기입니다.

전기열풍 로스터기, 팬로스팅, 복사열 소형 로스터기, 복사열 상업용 로스터기 등을 다루면서 '어렵다'라고 생각하기 보다는 '무엇때문일까?'라고 생각하며 원인분석하고 원두에서 좋은 향미가 날때까지 포기하지 않고 노력하였습니다.

저도 그때는 몰랐습니다. 제가 무엇을 하였는지 그때는 알지 못했었고 무의식적으로 하였던 것 같습니다. 그런데 심리학을 공부하면서 이해할 수 있었습니다.

사람마다 '다르다'라고 합니다. 그 다름은 살아온 방식과 배워온 지식과 본인의 감성과 주변의 환경으로 인하여 만들어졌다는 것을 알게 되었습니다. 그리고 이 또한 찾고자 하는 마음으로 원인분석을 하였으며 다름을 이해할 수 있었고 해결하기 위해서 책을 쓰게 되었습니다.

'커피로스팅 원리를 담다'에는 원리의 핵심인 '열, 로스터기, 생두'의 특성을 담았습니다. 커피로스팅에서의 습관을 들여야 할 것과 방해하는 변수들을 담았습니다. 원인을 분석하여 본인 것으로 만들 수 있도록 노력하는 방법까지 담았습니다.

커피로스팅은 '안 된다' '어렵다'가 아닌 커피로스팅은 '쉽다'로 바뀌어지는 경험을 하게 될 것입니다.

4. 달고나와 같은 커피로스팅

'달고나' 모르시는 분은 안계시죠?

아~ 모르시겠다고요? 부산이나 경상도가 고향은 아니신가요? 제가 어렸을 때 부산에서 살았는데 달고나를 '쪽자'라고 불렀던 기억이 납니다.

1980년대 전후에는 연탄불 위에서 달고나를 만들었고 2000년대 이후에는 가스불 위에서 만들었을 것입니다.

국자에 설탕을 넣고 연탄불 위에 녹인 다음에 식용소다를 넣으면 부풀어 오르고 젓가락에 돌돌 말아서 사탕처럼 빨아먹었던 이전의 기억에 잠겨 봅니다. 혹시 이런 기억들이 있다면 7080 이전 세대일 것입니다. 달고나를 만들다보면 설탕이 까맣게 국자에 달라붙고 어머니에게 들키면 혼날까봐 국자를 버렸던 추억도 있었습니다.

달고나는 누가 가르쳐 주지 않아도 어렵지 않게 만들 수 있었습니다.

이제부터 상황을 조금만 바꾸어 보겠습니다.

국자대신 손잡이가 달린 작은 냄비나 팬을 준비합니다. 옆면이 높을수록 편합니다. 나무젓가락 대신 나무주걱을 준비하구요 설탕 대신 커피생두를 준비합니다. 냄비나 팬에다가 커피생두를 넣고 나무주걱으로 저어 줍니다.

맞습니다. 이것이 '커피로스팅' 입니다.

어떤가요? 너무 쉽지 않으신가요? 지금까지 커피로스팅을 어렵게만 생각한건 아니신가요? 커피로스팅은 달고나 만드는 것처럼 너무나 쉽습니다.

사람은 살아가며 눈에 보고 익숙한 것은 누가 가르쳐 주지 않아도 쉽게 생각 하지만 익숙하지 않은 것에 대해서는 어렵게 생각합니다.

커피생두의 원산지에서 한국의 달고나는 어렵겠지만 커피로스팅은 너무 쉬운 것과 같은 이치입니다.

'낯설지 않은 것'과 '낯선 것'을 우리의 뇌는 '쉽다'와 '어렵다'로 생각하는 것입니다.

STORY 2

커피로스팅 특성-인지단계

(원리를 배워야 하는가)

1. 열의 특성
2. 로스터기의 특성
3. 생두의 특성
4. 열, 로스터기, 생두의 상관관계

Story 2

커피로스팅 원리를 꼭 배워야 하는 걸까?

커피는 세계 사람들이 가장 많이 마시는 음료중 하나입니다. 물, 차, 다음으로 많이 마시는 음료이며 하루에 약 20억 잔 이상의 커피가 판매되고 있습니다.

우리나라는 '커피공화국'이라는 명칭을 얻을 정도로 커피를 많이 마시고 있습니다. 1년에 약 370잔으로 1인당 평균 하루 한잔을 마실 정도로 커피를 많이 마시는 나라입니다. 세계 평균이 한 사람당 1년에 160잔 정도이니 얼마나 많이 마시는지 짐작할 수 있습니다.

커피는 이제 전 세계의 사람들에게는 없어서는 안 되는 음료 중 하나가 되었습니다. 차의 나라인 중국에서도 커피의 인기가 나날이 늘어가고 있습니다. 커피는 전 세계 사람들이 많이 마시며 즐기는 음료입니다.

'세계의 모든 사람이 마시는 커피'

사람들이 매일 같이 마시는 커피는 언제 발견되었는지 아는 사람은 많지 않습니다. 언제 전해졌는지 커피의 역사에 대해서도 커피교육을 받지 아니하거나 따로 공부를 하지 않은 사람이라면 모르는 것이 당연할 것입니다.

커피를 시작하고 책을 쓰기 시작할 때 심리학적 관점으로 바라보니 이해할 수 있었습니다. 사람들의 심리학적 특성 중에서 '자기가 관심 있는 것'만을 보고자 하는 심리적인 특성을 가졌기 때문입니다.

본론으로 돌아와서 커피의 현시점은 마시는 것을 넘어서 커피로스팅을 배우는 일반인분들도 계속 늘어나고 있습니다. 소형 로스터기로 홈 로스팅을 즐기는 분들이 꾸준히 늘어나고 있습니다. 이에 상응하여 커피로스터기 시장도 눈부신 발전과 성장을 하고 있습니다.

커피로스팅은 특정한 사람들만 했던 범주에서 벗어나 이제는 누구나 쉽게 접근할 수 있는 대중적인 것으로 점차 확대되어 가고 있습니다.

커피로스팅을 하는 사람들도 점차 늘어나지만 정작 커피로스팅의 원리를 아는 사람은 거의 없습니다.

사람들은 커피로스팅을 하는 것은 알고 있습니다. 그리고 예열 온도를 얼마로 해야 하는지도 알지만 몇 도에 왜 해야 하는지를 정확하게 알지 못하기에 어렵게 느낍니다.

본인이 사용하는 로스터기의 열이 전도열인지 대류열인지 복사열인지를 정확히 이해하고 알지 못한다면 그것 또한 모르는 것인데 우리는 아는 것으로 생각합니다.

지금 몇 가지의 예만 들었지만 본인이 정확하게 아는지 모르는지를 인지하지 못하기에 커피로스팅은 어렵다고 이야기들을 합니다.

이제부터 알지만 정확히는 모르는 커피로스팅 원리들을 말씀드리겠습니다.

'커피로스팅 특성 인지단계'에서는 가장 중요한 핵심 3가지 '열, 로스터기, 생두'의 특성을 담았습니다.

눈에 보이지 않는 '열'

열과 생두를 담는 장치 '로스터기'

하나의 재료인데도 수백 가지의 향미를 내는 '생두'

위의 3가지는 쉬울 수도 있습니다. 그러나 로스팅은 하면 할수록 쉽지 않은 것을 금방 느끼실 겁니다.

커피의 재료는 생두 한 가지만 사용하고 커피로스팅으로 원두로 만들면 됩니다. 어떻게 보면 너무나 쉬워 보입니다.

그러나 눈으로 보이는 것이 전부가 아님을 조금만 지나도 알게 됩니다. 커피로스팅 원리를 배우지 않으면 원하는 향미의 원두를 얻기가 쉽지 않습니다.

커피에 입문하고 커피로스팅 원리를 배우기 위해 많은 분들은 지식을 쌓고 커피 교육을 받고 자기시간을 투자합니다. 어떤 분들은 커피로스팅 발전이 느린 것 같아서 때로는 조바심이 나기도 합니다. 커피로스팅 발전 속도가 늦어 보일 수 있습니다. 저는 자신있게 이야기할 수 있습니다. 시간이 지날수록 실력의 차이가 나게 됩니다.

커피로스팅 원리로 인하여 전체 시간이 조금씩 줄어들게 됩니다. 발전 속도가 향상 되며 체계화 되어 가는 것을 느낄 수 있을 것입니다. 커피로스팅 원리를 적용할수록 원두향미는 안정된 결과로 나타납니다.

반대로 생각해 보겠습니다. 커피로스팅의 원리가 적용되지 않았을 때에는 여러 가지 나타나는 어려움들로 인하여 원두의 향미는 계속해서 바뀔 수 있습니다.

새로운 원리를 찾아가는 길은 쉽지 않습니다. 본인이 가졌던 습관이나 지식들이 방해를 할 수도 있습니다.

이해가 어렵더라도 조금 느리더라도 끝까지 도전하시길 바랍니다.

향기 가득한 원두를 만나는 길로 이끌어 줄 것입니다.

1. 열의 특성

열이란 무엇이며 커피로스팅에서의 열은 무엇일까?

지구의 생물이 살아가는데 필수적으로 필요한 것이 몇 가지가 있습니다. 그중에서도 열은 없어서는 안 되는 것입니다. 너무도 당연한 것이기에 못 느낄 수 있습니다. 그러나 열에 대해 조금만 생각해보면 절대적으로 필요한 것임을 알게 됩니다. 생각을 넘어 학문으로 다가서면 세상에서는 전문가라고 불리기도 합니다.

커피로스팅을 하다보면 점점 빠져들게 됩니다. 무작정 너무 깊은데 까지 들어가기 보다는 커피로스팅에서의 열이란 무엇이며 어떻게 작용하는지를 먼저 알아야 합니다.

지금부터 열이 가지고 있는 특성이 무엇인지를 알아보도록 하겠습니다. 시작부터 머리가 아픈 것은 아닌가요? 전혀 복잡하거나 머리 아플 것은 없습니다. 만일 머리가 아프다면 본인의 뇌에서 기존의 습관이 새로운 지식을 배우려 하는 것을 방해하는 것입니다.

잠시 눈을 감고 생각에 잠기시길 바랍니다. 달콤한 원두의 향미를 만나고 있는 상상을 하길 바랍니다. 구체적으로 상상할수록 머리는 맑아집니다. 이제 다시 눈을 뜨고 계속해서 읽어 나가시길 바랍니다.

아직도 머리가 아프신가요?

그렇다면 달콤한 커피를 느껴야 합니다. 달콤한 원두의 향미를 만난 경험이 부족한 것이 원인이 될 수 있습니다. 달콤한 향미 가득한 커피를 마시며 느끼고 기억에 담은 후에 읽어 나가시길 권유합니다.

자신도 모르는 사이에 습관이 바뀌게 됩니다. 새로운 습관이 커피로스팅 원리의 세계로 이끌어 줄 것입니다.

가. 열의 특성 이해하기

태양에서 나오는 빛은 생명체의 근원이 됩니다.

태양의 빛은 에너지라고 볼 수 있습니다. 에너지는 사람이나 동물에게 없어서는 안 되는 필수적인 요소입니다. 지구의 모든 생명체가 살아가는데 없어서는 안 되는 것입니다.

태양에서 나오는 빛은 낮과 밤을 나누고 계절을 바꾸고 수없이 많은 일들을 발생시킵니다. 지구는 태양의 에너지를 받으며 살아간다고 볼 수 있습니다.

태양에서는 열이 방출될까요? 빛이 방출될까요?

생각하는 것과 같이 태양은 빛을 방출합니다. 태양광을 방출하며 사람들은 이것을 '빛에너지'라고 합니다.

겨울철 영하의 날씨에 햇볕 아래에 있으면 따뜻함을 느끼게 됩니다. 이는 태양의 빛에너지가 사람의 몸을 따뜻하게 해주기 때문입니다. 그렇다면 아래처럼 생각할 수 있을 것입니다.

빛 = 에너지 = 열

위의 말은 맞는 것 같아 보일 수 있겠지만 틀린 말이 될 수도 있습니다. 빛은 나지만 에너지가 없는 빛도 있기 때문입니다. 실내를 비추는 전구들 중에는 빛은 나지만 열이 나지 않는 전구가 있습니다.

커피로스팅에서도 빛을 이용하여 로스팅에 활용하고 있습니다. 적외선을 이용하여 로스팅에 활용합니다.

열, 빛, 에너지는 어떤 종류가 있으며 어떠한 특성이 있을까요? 커피로스팅을 어렵게 만드는 이유는 무엇인지 이제부터 하나씩 하나씩 설명을 드리겠습니다.

어렸을 때의 기억으로 돌아가 보겠습니다. 초등학교 시절에 열에 대해서 한번쯤은 배웠던 기억이 있으실 겁니다. 기억이 안 나신다면 지금 당장 스마트폰에 검색해 보셔도 나옵니다.

열은 높은 온도에서 낮은 온도로 이동하는 특성을 가지고 있습니다. 또한 같은 한 공간(드럼내부)에서는 일정시간이 지나면서 온도가 평행하려는 특성을 가지고 있습니다.

커피로스팅에서의 사용되는 열은 두 가지로 나눌 수 있습니다. 하나는 커피의 재료인 생두로 직접 전달되는 열입니다. 일명 직화열과 또 하나는 전도체를 이용하여 전달되는 전도열로 나뉘게 됩니다.

두 가지 열을 예를 들어서 설명하겠습니다.

숯불갈비를 먹어보셨을 겁니다. 석쇠 위에다 갈비를 올려서 굽는 방식은 열이 고기에 직접 전달됩니다. 이 때 전해지는 열을 '직화열'이라 합니다. 간판에 직화구이 광고문구가 있는 곳은 직화열을 사용하는 곳입니다.

수망로스팅은 가스열원을 사용하는 대표적인 직화열로스팅 입니다. 가스불꽃이 수망안의 커피생두에 직접 닿게 됩니다.

전기를 열원으로 사용하는 할로겐에서 나오는 복사열도 직화열로스팅이라 할 수 있습니다.

가스열원을 사용하는 많은 식당들은 쇠로 만든 판이나 돌로 만든 판 위에 고기를 올려놓고 구워 먹습니다. 특정한 모양의 판위에 고기를 올려놓고 굽게 됩니다. 이렇게 고기를 굽는 것은 전도체를 이용하는 방식이며 이 때 전달되는 열을 '전도열'이라 합니다.

열원장치에서 발생한 열은 팬이나 드럼 같은 전도체로 이동하고 전도체에서는 생두로 이동합니다.

열원의 열이 전도체를 걸쳐서 생두로 이동하는 열을 '전도열'이라고 하며 드럼을 사용하는 대부분의 로스터기는 전도열을 사용합니다.

상업용로스팅이나 소형(홈)로스팅에서 많이 사용되는 전도체의 종류는 크게 2가지가 있습니다. 금속류인 팬이나 드럼이 사용되고 있습니다. 홈로스팅에서는 유리드럼이 전도체로 많이 사용되고 있습니다.

잠시 쉬어가는 코너로 퀴즈 하나를 내겠습니다.

중형 로스터기와 대형 로스터기는 뜨거운 바람을 많이 사용합니다. 뜨거운 바람 즉 열풍을 사용하여 커피로스팅을 합니다. 이때 사용하는 열은 대류열 또는 전도열 중 어떤 열이라 할 수 있을까요?

대부분 사람들은 대류열이라고 합니다. 뜨거운 바람이니 당연히 대류열이라고 할 것입니다. 그러나 저는 '두 가지 모두'라고 말하겠습니다. 그 이유를 이제부터 설명 드리도록 하겠습니다.

아래의 그림을 보며 설명 하겠습니다.

그림 1 수망 로스팅

사진속의 커피생두는 수망위에 담겨 있습니다. 수망속의 커피생두는 가스불꽃 위에 직접 닿나요? 사진속의 수망로스팅은 가스불꽃에 바로 닿지 않고 불꽃과 일정한 거리를 두고 흔들어 주며 로스팅을 합니다. 이때 가스불꽃과 수망사이에는 일정한 간격이 생깁니다. 불꽃과 생두 사이에는 눈에 보이지 않는 공기들이 있습니다.

여기서 중요한 것은 공기입니다. 공기는 '대류열이 이동하는 수단'입니다. 대류열의 전도체 역할을 하는 것은 공기인 것입니다.

한마디로 대류열은 공기라는 전도체를 이용하여 열이 전달됩니다. 그러나 대부분 금속이나 유리등을 전도체로 부르기에 대류열을 전도열이라 부르는 것은 분명 오해의 소지가 있습니다.

열의 특성을 이해하기 위해서는 공기라는 매개체를 전도체로 사용한다는 것을 알아야 합니다.

그냥 넘어가는 것보다는 알고 넘어갈 때에 앞으로의 커피로스팅의 원리를 이해하는데 많은 도움이 됩니다.

다시 한번 묻겠습니다. 수망로스팅은 직화열일까요? 아니면 전도열일까요?

예를 들어 설명 하겠습니다.

가스불꽃은 약 1,000℃ 이상으로 뜨겁습니다. 수망이나 타공드럼을 이용한 커피로스터기는 가스불과 커피생두와 거리를 일정한 간격으로 유지해야 생두가 타지 않습니다.

가스불꽃과 생두사이에 일정한 거리를 두어야 가스불꽃의 열이 공기라는 매개체로 이동하고 뜨거워진 공기는 생두로 이동합니다.

직화열은 가스의 불꽃이 생두에 직접 닿는 것을 말합니다. 1,000℃ 이상의 가스불꽃이 생두에 직접 닿는다면 생두의 표면은 금방 타버리게 됩니다.

복사열의 전자기파는 생두의 분자를 진동하여 열이 발생하기에 로스팅에서의 복사열이 대표적인 직화열에 속한다고 이야기 할 수 있습니다.

전도열과 직화열의 특성이 이해가 되시나요?

조금만 더 천천히 생각하면 우리가 알던 지식들은 계속해서 바뀌는 것도 있습니다. 조금만 관심가지고 쳐다보면 새로운 사실을 알게 됩니다.

'커피로스팅 원리를 담다'에서는 눈에 보이지 않았던 그동안 생각하지 못했던 숨은 원리들을 찾아내어 보여드릴 것이며 하나씩 설명해 나가도록 하겠습니다.

커피로스팅에서의 열이 가지는 특성으로 조금 더 깊이 들어가 보겠습니다.

나. 커피로스팅에서의 3가지 열의 종류

대중적으로 커피로스팅에서의 사용되는 열은 3가지가 있습니다.

- 첫째 전도열(일명 축열이라고 합니다.)
- 둘째 대류열(일명 열풍이라고 합니다.)
- 셋째 복사열(일명 직화열이라고 합니다.)

첫째 전도열

전도열을 다른 이름으로 부른다면 '축열'이라 할 수 있습니다.

가스불이나 전기히터에서 발생한 열은 금속이나 유리로 만들어진 드럼으로 이동합니다. 드럼에 쌓이는 축열은 드럼안의 생두로 이동합니다. 열원에서 발생한 열이 전도체로 이동하며 생두로 이동할 때의 열을 '전도열'이라고 합니다.

전도열의 특성

드럼의 두께에 따라서 열량(축열)이 달라집니다.

드럼의 회전속도와 교반장치에 따라서 생두에 전달되는 열량이 달라집니다.

한번에 높은 온도의 일정한 열이 생두로 전달됩니다.

회전과 교반날개에 따라 균일도가 달라집니다.

커피로스팅 역사적으로 볼 때 가장 많이 사용되었고 현재에도 가장 많이 사용되는 열입니다.

둘째 대류열

다른 이름으로는 '열풍'이라 부르고 있습니다.

가스불꽃으로 인하여 뜨거워진 공기나 전기히터의 열선을 통해 뜨거워진 공기가 생두에 직접 닿는 열을 말합니다.

<u>대류열의 특성</u>

가스의 압력에 의하여 열량이 달라지며 전기히터의 전압에 의하여 열량이 달라집니다.

생두의 둥그런 표면 전체에 동시에 열이 전달됩니다.

커피로스팅에서의 열효율이 가장 높습니다.

대용량로스터기에 많이 사용됩니다.

배기장치에 따라서 달라집니다.

셋째 복사열

숯불에서 발생하는 열이나 적외선 할로겐 램프 등의 전자기파가 생두를 진동시켜 발생하는 열입니다.

다른 이름으로 말한다면 '직화열'이라 할 수 있습니다.

복사열의 특성

전도열과 대류열은 생두표면에서부터 시작하여 생두속으로 열이 전달됩니다. 그러나 복사열은 생두 전체에 동시에 전자기파로 인한 분자의 진동으로 열이 발생하게 됩니다.

복사열 특유의 다양하며 깊은 맛이 생깁니다.

소형로스팅으로 사용하기에 안전하며 편리합니다.

사용시간대에 따른 전압의 영향을 받습니다.

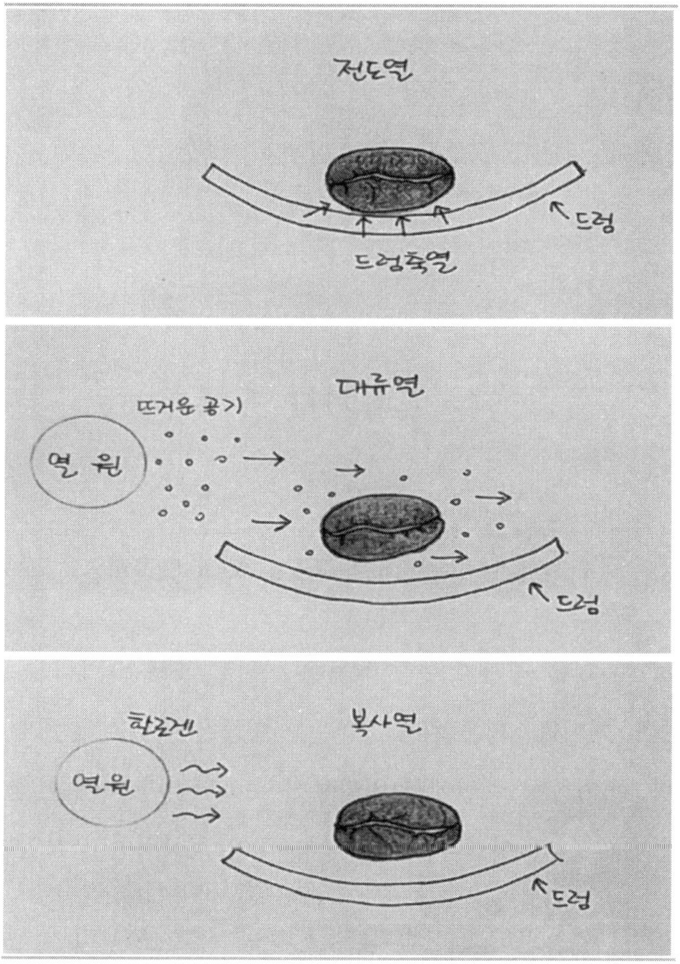

그림 2　전도열, 대류열, 복사열의 예

2. 로스터기 특성

커피로스터기는 어떤 구조로 되어 있을까?

커피로스팅을 접하지 못한 분들은 아마도 모르실 겁니다. 저도 그랬었고 커피로스팅을 처음 접하는 사람들은 대부분 낯설게 느낄 겁니다. 심리학적 측면에서 바라보면 로스터기란 기계를 접하지 못하였기에 일단 어렵다고 생각하는 것이 정상적인 생각입니다.

그러나 저는 말하고 싶습니다. 커피로스터기는 우리 일생생활과 아주 밀접한 관계에 있습니다. 절대 어려운 것이 아님을 말씀드립니다. 조금만 생각해보면 커피로스터기는 정말 별거 아닌 아주 쉬운 것입니다.

그럼에도 어렵다고 느끼는 것은 어쩔 수 없을 겁니다. 생각의 습관은 하루 아침에 바뀌는 것은 아닙니다. 하지만 꼭 그렇지도 않으며 사람의 생각은 한 순간에도 바뀔 수 있습니다. 어렵다거나 모른다는 생각 보다는 '쉽다', '별거 아니네'라는 생각을 계속해서 하면 바뀌게 됩니다.

이제부터 약간의 노력이 필요합니다. 무엇을 노력할 것인가를 생각해 보겠습니다. 한마디로 로스터기는 무엇으로 되어있는지 살펴보면 됩니다.

사람들의 일상생활에 사용하는 것이 커피로스팅에서의 사용 하는 것과 비슷한 점이 많습니다. 조금씩 다를 뿐인데 사람의 생각은 아예 다르다고 인식해 버립니다. 어렵다고 우리의 생각은 빠르게 결론을 내려 버립니다.

에어프라이어를 모르는 분은 아마도 없을 겁니다. 전자레인지는 어떤가요? 삼겹살통돌이도 많이들 사용해 보셨을 겁니다. 조금만 생각해 본다면 가정집에서 흔히 사용하고 있습니다. 여기에 커피로스팅이 가능하다면 믿을 수 있겠습니까? 한번도 해보지 않았기에 믿을 수 없겠지만 커피로스팅이 가능합니다.

바로 이것이 생각의 전환입니다.

에어프라이어의 '뜨거운 열풍' 전자레인지의 '전자기파 복사열' 삼겹살통돌이의 '전도열' 이 3가지 열이 커피로스팅에 쓰이는 열입니다.

어떻습니까? 쉽지 않으십니까?

그렇다면 조금만 더 깊이 들어가 보겠습니다. 에어프라이어 안에 원통형 드럼이 들어가 있는 걸 본적 있으십니까? 전자레인지를 가스오븐으로 바꾸고 내부에 원통형 드럼이 들어가 있다고 상상해 보시길 바랍니다. 본 적이 없다면 인터넷 검색을 해보면 찾을 수 있을 겁니다. 삼겹살통돌이는 말 그대로 통돌이에 모터가 있어서 통이 회전합니다.

위의 세 가지에 커피생두를 재료로 요리 하는 것이 바로 커피로스팅입니다.

커피로스터기는 한마디로 커피로스팅을 하기에 특화되어 만들어진 기계입니다.

커피로스터기가 아직도 어렵다고 생각 하시나요?

지나고 보면 별거 아니지만 처음은 낯설고 본인의 생각이 어렵다고 하는 것입니다. 차츰 익숙해지기 시작합니다. 어렵다는 생각은 잊으시고 '너무 쉽다'란 생각을 하시길 바랍니다. 생각의 전환이 습관을 만들고 커피로스팅 전문가로 이끌어 줍니다.

가. 로스터기 특성 이해하기

커피로스터기를 한마디로 표현한다면 '열을 담는 그릇'이며 '생두를 담는 그릇'이라고 말할 수 있습니다.

초등학교 시절에 열은 높은 온도에서 낮은 온도로 이동하는 것을 배웁니다. 기억이 나지 않으신다면 인터넷에서 열역학 0법칙부터 1, 2, 3 법칙을 검색해 보시길 권유합니다. 지식인들이 열에 대하여 자세히 지식을 나눔하고 있는데 좋은 내용들이 너무 많고 쉽게 설명되어 있습니다.

열의 특성은 커피로스팅의 원리를 본인의 것으로 만드는데 가장 먼저 필요합니다. 시간이 날 때마다 생각이 날 때마다 본인에게 물어보시길 바랍니다. 자기 자신에게 '열이란 무엇인가?'를 물으며 생각해 보시길 바랍니다.

본인도 모르는 마음속 잠재의식에서 찾으려고 하는 의식의 싹이 자라나고 점점 커질 것이며 '커피로스팅 원리'라는 커다란 나무로 자라나게 됩니다.

로스터기는 한마디로 열과 커피생두를 담는 '그릇'이라 할 수 있습니다. 조금 어렵지만 과학적으로 설명하겠습니다. 커피로스터기는 열원에서 열이란 에너지가 방출되어 생두로 이동을 하도록 도와주는 기능을 담은 그릇입니다.

제가 말해놓고도 어렵다는 것을 느끼기에 다시 한번 쉽게 설명을 드리겠습니다.

커피로스터기는 가스불꽃의 뜨거운 열이나 전기히터에서 발생한 뜨거운 열이 로스터기 드럼 안에 담겨진 생두로 이동하는 장치입니다.

현시대의 로스터기는 가스를 열원으로 가장 많이 사용하고 있습니다. 전기를 이용한 로스터기도 가정용과 상업용으로 많이 사용되고 있으며 저도 전기 로스터기를 사용하며 교육용으로도 사용하고 있습니다.

로스터기의 형태도 달라지고 있으며 스마트폰 어플을 이용하여 작동되는 스마트 로스터기에 재현성까지 겸비한 뛰어난 로스터기가 해마다 새롭게 출시되고 있습니다.

커피로스터기의 특성 중에서 가장 큰 부분을 차지하는 것은 '드럼'이라고 말할 수 있습니다. 드럼은 과학과 기술이 발전함에 따라서 크게 2가지 드럼의 유형으로 나뉘고 있습니다. '회전형 방식'의 드럼 로스터기와 '고정형 방식'의 드럼 로스터기의 2가지 분류로 나눌 수 있습니다.

'커피로스터기 특성'에서는 회전형드럼 로스터기를 설명할 예정입니다. 왜냐하면 로스터기의 90% 이상이 회전형드럼을 사용하고 있기 때문입니다. 고정형 방식의 드럼로스터기에 대한 특성은 다른 편에서 설명하도록 하겠습니다.

커피로스터기는 많은 장치들이 있습니다. 그중에서 회전형드럼 로스터기는 어떠한 장치들이 있는지 살펴보겠습니다.

열원장치, 하우징, 드럼, 교반장치, 모터, 배기장치, 댐퍼와 같은 주요 장치들 외에 많은 장치들로 되어 있습니다.

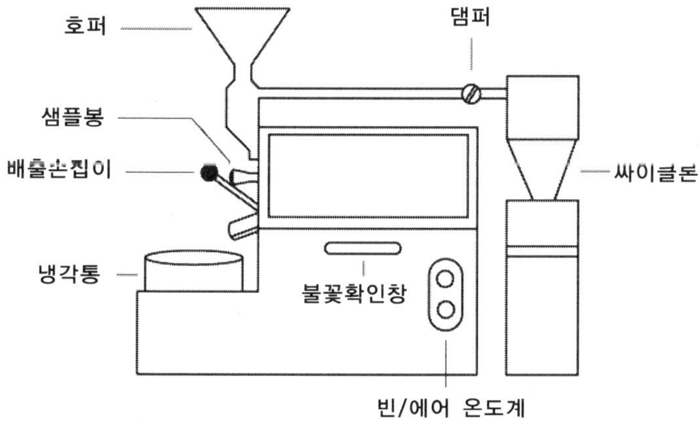

그림 3 커피로스터기 구조

이중에서 열원장치는 커피로스팅에 가장 큰 영향을 줍니다.(다른 장에서도 계속해서 이어질 예정입니다.)

커피로스터기의 많은 장치들이 원두향미의 발현에 영향을 주게 됩니다. 본인이 사용하는 장비의 특성을 이해한다는 것은 커피의 향미 발현에 좋은 영향을 주게 됩니다.

원두의 향미 발현에 좋은 영향을 주고 싶다면 커피로스터기 장치들을 이해하는 시간을 가져야 합니다. 무작정 사용하는 것보다는 로스터기 특성을 이해하여 사용할 때 좋은 커피향미를 매일 만날 수 있습니다.

나. 커피로스터기의 핵심장치 3가지

- 첫 번째 드럼
- 두 번째 회전 & 교반
- 세 번째 배기

위의 3가지는 원두의 향미 발현에 가장 큰 영향을 주는 중요한 로스터기 특성들입니다. 이제부터 3가지 특성이 원두의 향미 발현에 어떤 영향을 주는지를 알아보겠습니다.

드럼의 특성

드럼을 한마디로 정의한다면 독자분들은 무엇이라 생각하시나요?

저의 생각은 '열이 모이는 곳'이라 말하고 싶습니다. 가스불꽃이나 히터열풍의 뜨거운 열은 자기(열)보다 온도가 낮은 곳으로 이동할 것입니다. 자기(열)보다 온도가 낮은 드럼으로 모여들게 됩니다.

열은 계속해서 드럼으로 모이며 축적되는데 이를 '축열'(드럼에 축적되는 열)이라고 합니다.

그렇다면 드럼이 가지는 특성은 어떤 것이 있을까요?

'드럼의 재질'과 또 하나는 '드럼의 두께'입니다. 드럼의 재질과 두께에 따라서 축열이 달라집니다.

일반적으로 많이 사용되는 로스터기는 금속재질의 드럼과 유리재질의 드럼을 사용하고 있습니다. 금속드럼은 상업용의 모든 로스터기에 사용됩니다. 유리드럼은 소형(홈)로스터기에 많이 사용되고 있습니다.

드럼의 두께가 두꺼워질수록 축열이 많아지게 되며 이는 생두에 안정적인 '열의 공급'으로 이어지게 됩니다.

로스터기는 다양한 금속성 재질의 드럼을 사용합니다. 로스터기의 발전사를 보면 쉽게 알 수 있습니다. 팬에서 시작하여 드럼으로 발전하였고 드럼의 재질이 바뀌고 크기가 커지며 드럼의 재질 또한 계속해서 발전해 왔습니다.

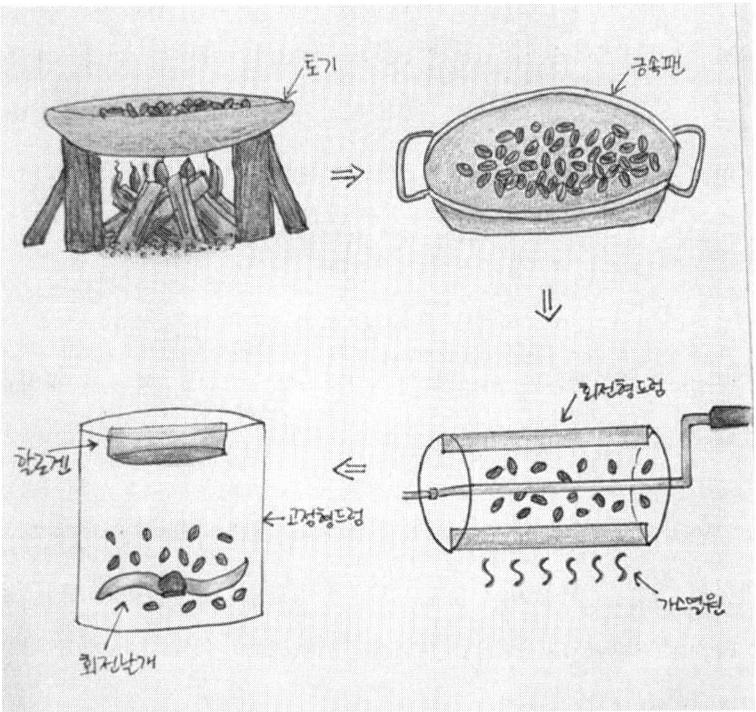

그림 4 로스터기 재질과 형태의 변화

로스터기 드럼의 용량이 커질수록 생두투입량은 늘어나게 됩니다. 늘어나는 커피생두 만큼 많은 열량을 공급해 주어야 합니다.

로스터기의 용량이 커질수록 원두를 배출하는 시간이 매우 중요합니다. 왜냐하면 5초, 10초라는 짧은 시간의 차이로도 원두의 향미 변화가 커지기 때문입니다.

금속드럼의 '재질'과 '두께' 그리고 '회전속도'에 따라서 배출 시간이 단축되며 이는 커피 향미의 발현에 중요한 요소가 됩니다.

드럼의 재질과 두께가 달라지면 커피로스팅 전체 시간이 달라집니다. 커피로스팅에서 가장 중요하다 할 수 있는 '디벨롭 구간'의 시간도 변하게 됩니다. 이는 결정적으로 원두향미의 발현에 매우 큰 영향을 주게 됩니다.

향미 발현 뿐만 아니라 부정적인 커피향미의 원인이 되기도 하는데 이 부분은 매우 중요하므로 다른 편에서 자세히 설명하도록 하겠습니다.

회전 & 교반의 특성

커피로스팅에서의 중요한 것 중 하나는 '원두 균일도'입니다. 원두 균일도라 하는 것은 원두들의 색과 크기 등이 비슷한 상태를 말합니다.

커피원두의 균일함에 영향을 주는 것은 대체적으로 두 가지가 있습니다. 첫 번째는 드럼의 '회전속도'이며 두 번째는 드럼안의

'교반장치'입니다.

드럼내의 커피생두들에게 열이 균일하게 전달되기 위해서는 일정하게 회전하는 속도가 필요합니다. 드럼의 회전이 너무 빠르면 원심력으로 인하여 드럼내의 표면에 커피생두가 붙어서 회전할 수 있습니다.

회전속도가 너무 느리면 축열을 많이 받는 생두와 적게 받는 생두가 나뉘게 되면서 균일도가 달라집니다.

드럼의 회전속도는 드럼의 크기에 비례해야 합니다. 드럼의 크기가 커졌는데 회전속도가 느리다고 하면 균일하지 않은 얼룩덜룩한 커피원두를 만나게 됩니다.

가장 효율적인 커피로스터기 드럼의 회전속도는 드럼내의 생두가 드럼을 타고 올라가다가 바닥으로 떨어지는 드럼의 회전속도가 좋다고 할 수 있습니다.(대략적으로 40~60rpm을 많이 사용하며 드럼의 크기에 따라 달라지며 생두투입량에 따라서도 달라집니다.)

회전속도와 더불어 드럼의 교반장치는 매우 중요합니다. 생두가 드럼내부에서 고르게 회전할 수 있도록 도와주며 배출이 용이하도록 도와주는 장치입니다.

배기의 특성

커피로스팅에서 가장 신경 써야 할 부분 하나를 꼽는다고 하면 바로 '배기'입니다.

음식을 하거나 굽는 등의 요리과정에서 발생하는 연기 등은 외부로 배출해야 합니다. 커피로스팅을 하는 중에도 연기가 발생하게 됩니다.

소형 로스터기(500g 이하)와 가정에서 사용하는 대부분의 로스터기는 배기장치가 별도로 없으며 자동배기가 됩니다.(배기장치가 달려 있는 소형 로스터기도 있습니다.)

로스터기 용량이 커질수록 연기 발생량은 많아지게 됩니다. 그렇기 때문에 상업용 로스터기는 배기장치가 별도로 있습니다.

팬로스팅은 주방의 후드 밑에서도 가능하며 환기가 되는 어느 곳에서 해도 큰 문제가 되지 않습니다. 커피로스팅에서의 커피생두 용량이 200g을 넘어서면 주방의 후드만으로는 배기가 부족하게 됩니다.

지금까지 설명 드린 것은 배기를 어떻게 해야 하느냐의 문제를 다루었습니다. 하지만 제가 더 강조해서 말하고 싶은 것은 커피로스팅에서의 배기가 원두 향미의 발현에 어떠한 영향을 줄 것이냐 하는 부분입니다.

배기장치는 커피로스팅에서의 발생하는 연기와 커피생두의 수분과 뜨거운 열을 함께 배출합니다.

열이 동시에 빠져나가기에 배기를 어떻게 하느냐에 따라서 전체 열량이 달라지고 원두의 향미에 영향을 줍니다.

배기를 잘 다루는 사람이라면 로스팅전문가라 해도 과언이 아닐 것입니다. 커피로스팅에서의 배기는 생각하는 상상 이상으로 원두 향미의 발현에 많은 영향을 주게 됩니다.

3. 생두의 특성

콩일까? 씨앗일까? 커피생두는 무엇일까?

커피로스팅에서의 생두는 매우 까다롭고 어려운 것 중의 하나입니다. 왜냐하면 커피나무는 열대지방에서 자라기 때문입니다. 우리나라에서는 자라지 않기에 어려운 것입니다. 생두가 만일 우리나라에서 나는 완두콩 이었다면 커피로스팅은 조금은 더 쉬웠을 겁니다.

커피나무가 발견된 지가 1500년 전이었고 1000년 전부터 커피로스팅을 하기 시작했습니다. 1600년 무렵 부터는 유럽 전역으로 널리 전파 되었으며 일본의 커피역사만 해도 무려 150년이 넘었습니다.

그렇다면 우리나라는 언제부터 일까요?

지금의 스페셜티 커피가 널리 보급되기 시작한 것이 불과 24년 정도밖에 되지 않았다면 믿을 수 있으신가요?

1999년에 홍대에서의 시작으로 스페셜티 커피는 우리나라 전역으로 확산되기 시작했습니다. 너무나 짧은 역사로 인하여 어렵다고 하는 것입니다. 세계역사에 비해서 우리나라 커피역사는 너무나 짧고 자료도 부족합니다. 그러나 걱정 안하셔도 됩니다. 왜냐하면 책을 통해서 커피와 커피로스팅은 계속해서 쉬워질 것이기 때문입니다.

커피생두는 한마디로 '깍쟁이'라고 할 수 있습니다.(제가 말하는 깍쟁이는 속을 보여주지 않음을 뜻합니다.)

커피생두는 자기 안에 있는 커피성분을 꼭 꼭 숨겨놓고는 보여주지를 않습니다. 불과 1~2cm 크기의 아주 조그마한 크기인데 말입니다. 정말 얄밉도록 보여주지를 않아 생두를 깍쟁이라고 부르기로 하였습니다.

중식에서 짬뽕은 여러 재료를 가지고 복합적으로 섞어가며 음식을 만듭니다. 그렇기에 어렵다고 할 수 있습니다. 그런데 커피는 거의 다 비슷하게 생긴 하나뿐인 생두만을 가지고 만듭니다. 그런데도 어렵습니다. 그렇기 때문에 너무도 얄미워서 깍쟁이라고 부릅니다.

그런 깍쟁이들이 한곳에 가득하면 어떻게 될까요?

수많은 깍쟁이들이 로스터기 드럼 안에 가득 들어차 있으니 커피로스팅이 어려운건 어쩌면 당연하지 않을까 생각합니다.

깍쟁이들의 속내를 보기 위해 잔인한 방법을 동원하였습니다. 가스불로 잔인하게 고문도 해보고 더 잔인한 방법인 해부도 해보았습니다. 그랬더니 깍쟁이도 지쳤는지 속을 조금씩 보여주기 시작하였습니다.

내부에 어마어마하게 많은 방들을 만들고 안에는 커피성분들을 감추고 있었습니다. 정확한 숫자인지는 알 수 없지만 방의 숫자가 대략 백만 개가 넘는다고 합니다.

그러나 고문하는 방법만으로는 깍쟁이의 속을 다 알 수는 없었습니다. 그래서 찾아낸 저만의 방법이 있습니다.

'어르고 달래며 부드럽게 살며시' 접근 하였습니다. 그랬더니 드디어 생두는 자기 속을 보여주기 시작하였습니다.

생두의 속을 보고 싶으신가요?

생두를 강하게만 다루지 말고 부드럽게 살며시 다가간다면 숨겨놓은 향미를 보여줄 겁니다.

이제 본격적으로 생두의 특성을 찾으러 출발 하겠습니다.

'커피생두, 커피콩, 그린빈, 플랫빈'

위의 단어들은 모두가 같은 말입니다. 더욱더 흥미로운 사실을 알려 드리겠습니다. 사람들이 즐겨먹는 커피의 재료인 생두는 사실은 콩(빈)이 아니라 커피열매의 '씨앗'입니다.

벌써 알고 계시다구요?

커피생두는 커피나무의 열매인 커피체리의 씨앗입니다. 알기 쉽도록 설명하기 위하여 통상적인 단어인 커피콩이라고 부를 예정이며 로스팅 하기 전을 '커피생두'라 부르며 로스팅 후에 배출한 것을 '커피원두'로 부르겠습니다.

가. 커피생두의 종류

커피나무열매인 체리속에는 통상 3가지 모양의 커피생두들이 자랍니다.

'피베리빈, 플랫빈, 트라이앵글러빈'

커피나무의 열매인 체리 내에는 다양한 모양의 커피콩이 들어 있습니다.

한 개가 있으면 피베리빈이라 부르며 두 개가 있으면 플랫빈(마주본다)으로 불립니다. 가끔 세 개가 있기도 한데 이는 트라이앵글러빈으로 부르고 있습니다.

대부분의 커피콩은 플랫빈으로 되어 있으며 피베리빈은 전체생두의 약 10%정도를 차지하고 있습니다.

커피콩은 크기와 모양에 따라서 열의 침투가 달라지며 커피향미의 발현에도 많은 영향을 주게 됩니다.

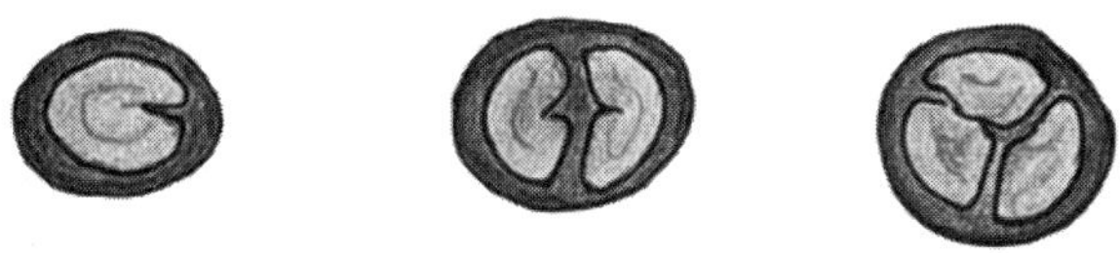

그림 5 커피생두의 종류

나. 커피생두의 수분

커피생두 내부에는 수분이 있습니다. 약 11~12%의 수분을 가지고 있습니다. 사람들이 먹는 일반 콩들은 바짝 말리는데 커피생두는 무엇 때문에 11~12%의 수분을 남겨두고 건조 시키는 것일까요?

과학적인 이유가 있습니다. 왜냐하면 미생물이 번식하지 못하게 하는 수분의 양이 12% 이하이기 때문입니다.

그렇다고 하면 10%나 5% 아니면 바짝 말려서 사용하면 되지 않을까요?

다른 일반 콩은 바짝 말려 물에 불려 사용하는데 왜 유독 커피생두만 11~12%의 수분을 유지하는 것일까요?

시작하는 부분에서 커피생두를 '깍쟁이'라고 불렀습니다. 왜냐하면 커피생두의 특성 때문입니다. 커피생두는 한번 수분이 빠져나가면 다른 일반 콩들처럼 수분이 다시 들어갈 수 없는 복잡한 허니콤 구조로 되어 있기 때문입니다.

만일 커피생두내의 수분이 9%나 8%라고 가정 하였을때 커피로스팅을 진행하면 어떻게 될까요?

커피생두는 한마디로 복잡한 구조로 되어있습니다. 커피생두내의 수분이 조금이라도 적어지거나 많아지면 향미 발현에 많은 영향을 주게 됩니다.

커피생두 내 수분이 11%이하면 생두의 체프와 바깥부분이 타버릴 수 있습니다. 생두 내 수분이 12%정도로 되어 있으면 커피생두 속의 수분이 빠져나가지 못하여 속이 덜 익은 커피원두가 될 수 있습니다.

지금까지의 경험과 자료를 바탕으로 한다면 평균 11%의 생두수분이 커피로스팅에서의 적정한 수분입니다.(위의 수치는 절대치가 아님을 말씀드립니다.)

커피생두의 원산지에서는 12% 이하의 수분으로 건조시킨 후 전 세계의 소비자에게 전해집니다. 유통과정에서 약 0.5~1% 정도의 수분이 빠지게 됩니다.

소비자에게는 약 11~11.5% 정도의 수분함량을 가진 생두로 커피로스팅을 하게 됩니다.

다. 커피생두의 구조

커피생두 내부 구조는 허니콤(벌집모양) 구조로 되어있으며 수분이 공동 내에 들어 있습니다.

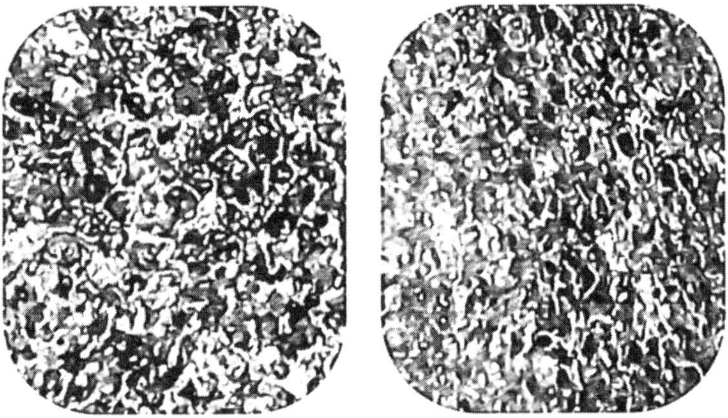

그림 6 커피 원두 내부

커피생두 내에는 대략 100만개의 방들로 이루어져 있으며 섬유질 벽으로 둘러싸여 있습니다. 섬유질 벽에는 사람들이 마시는 커피성분들이 붙어 있습니다.

커피생두는 일반 콩들처럼 찌거나 조리하여 먹을 수 없습니다. 오직 커피로스팅을 한 후에 원두를 분쇄하고 물로 커피성분만을 녹여 추출한 후에 마실 수 있습니다.

정말 까다로운 커피생두입니다. 어떻게 하면 로스팅을 잘 하여 맛있는 커피를 마실 수 있을까요?

라. 습식과 건식에 의한 생두의 변화

커피원산지에서는 커피체리를 수확한 후에는 보통 2가지의 방식으로 정제과정을 거치게 됩니다.

이 과정은 커피생두를 건조시키기 전에 생두가 가지는 커피성분을 높이기 위한 과정입니다. 좀 더 쉽게 설명하자면 발효시키는 과정이라 볼 수 있습니다.

커피생두는 '워시드(washed)방식'과 '내추럴(natural)방식'이 있습니다. 워시드에는 세미(semi)워시드와 풀리(fully)워시드가 있습니다. 내추럴에는 일반 내추럴방식과 허니(honey) 내추럴방식(줄여서 허니방식)으로 나뉘게 됩니다.

'워시드방식'은 체리 겉껍질을 벗기고 점액질상태의 커피생두를 욕조 안에 하루나 이틀정도로 잠기게 두는데 이때 미생물에 의한 발효과정이 일어나게 됩니다.

'내추럴방식'은 껍질이 있는 상태로 말리며 미생물에 의한 발효과정을 거치게 됩니다. 말리는 환경에 따라서 변화가 심하기에 잘못하면 과발효가 되어 발효취가 심한 커피생두가 됩니다.

'허니방식'은 겉껍질을 벗기고 점액질 양을 몇 %로 하여 건조하느냐에 따라서 화이트허니 옐로우허니 레드허니 블랙허니 생두로

불리게 됩니다.(20% 40% 60% 80%)

허니방식은 내츄럴 생두에 비해 발효취가 거의 없다는 장점이 있습니다.

커피로스팅은 생두의 정제과정에 따라서 원두의 향미가 달라집니다. 습식과 건식의 프로세싱에 의해서 커피생두의 특성이 나뉩니다.

프로세싱의 영향으로 커피생두 조직과 센터컷 등의 체프에 영향을 주게 되며 결국 커피향미에 영향을 주게 됩니다.

커피생두의 특성은 열의 특성과 로스터기 특성에 따라서 로스팅에서도 달라집니다. '열, 로스터기, 생두'의 특성은 매우 중요한 관계입니다.

그중에서도 수분과 체프(은피, 실버스킨)는 중요하기에 커피로스팅 원리에서 지속적으로 설명을 이어 나가겠습니다.

4. 열, 로스터기, 생두의 상관관계

열과 로스터기와 생두는 상관관계에 있습니다. 3가지의 관계는 사람이 살아가는데 필요한 의식주의 관계와 비슷하다 할 수 있습니다.

사람은 살아가기 위해선 집이 필요하고 옷이 필요하고 먹을 것이 필요합니다. 원두의 향미가 나기 위해선 로스터기가 필요하고 열이 필요하고 생두가 필요합니다.

열, 로스터기, 생두는 때어내고 싶어도 때어낼 수 없는 소중한 관계입니다.

이 글을 읽으시는 독자분들은 본인이 사용하는 로스터기가 어떠한 특성을 가지고 있는지 알고 있나요?

모르신다 해도 괜찮습니다. 하지만 이것만은 꼭 기억하시길 바랍니다. 로스터기의 '드럼 재질과 두께' 그리고 '회전속도'는 커피 향미 발현에 많은 영향을 미칩니다.

생두로 전달되는 열은 로스터기의 드럼두께와 회전속도에 의해서 커피로스팅의 전체 시간이 변하게 됩니다. 디벨롭 구간에서의 시간도 달라집니다. 달라진다는 것은 원두의 향미 발현이 바뀐다는 것입니다.(자세한 설명은 다른 단계에서 계속해서 이어집니다.)

독자분들은 커피로스팅에 사용할 생두는 가지고 있나요? 만일 가지고 있다면 어떤 종류의 커피생두를 가지고 있는지 알고 있으신가요?

커피로스팅을 처음 시작할 때는 생두의 가격대가 저렴한 것을 연습용으로 사용합니다. 때로는 로스터기 판매회사에서 로스터기와 함께 사은품으로 생두를 나누어 주기도 합니다. 연습용 생두는 일반 생두에 비해서 품질이 낮기에 커피로스팅 하는데 쉽지 않습니다. 그렇기에 커피로스팅을 잘 하는 것보다는 생두가 변화하는 과정을 보는데 초점을 두어야 합니다.

연습용은 불량생두들이 많은 편이며 미성숙 생두부터 여러 가지 디펙트(defect)빈 이라고 불리는 생두가 섞여 있습니다. 이는 커피로스팅에서의 얼룩덜룩한 커피원두의 원인이 되기도 합니다.

커피로스팅을 처음으로 하였을 때 배출된 커피원두를 보면 얼룩덜룩하고 부풀지도 않고 주름이 지기도 합니다. 만일 연습용생두로 로스팅을 하였다면 본인의 탓보다는 생두의 품질 문제일 수 있습니다. 아무리 전문가 로스터라고 하여도 커피생두의 품질이 좋지 않으면 달콤한 원두향미를 발현시킬 수는 없습니다.

달콤한 향미의 커피원두로 로스팅하고 싶다면 커피생두는 디펙트빈이 적어야 합니다. 보관도 잘 되어야 합니다. 로스터기의 특성을 이해해야 합니다. 그리고 커피로스팅을 해야 하는 것입니다.

Story 3

커피로스팅 습관-입문단계

(커피로스팅 습관 형성)

1. 커피로스팅 습관 - 프로파일 작성
2. 기피로스팅 습관 - 프로파일 작성 방법
3. 사진이나 동영상 기록하는 습관
4. 선 핸드픽과 후 핸드픽 습관
5. 커피로스팅 원인 분석의 습관화

Story 3

커피로스팅 습관을 들인다는 뜻은 무엇일까?

사람은 '습관'으로 살아간다고 이야기 합니다.

'태어나고 자라며 주위환경으로 몸에 익혀지는 습관'
'자라면서 학습되고 반복되는 습관'
'사회 속에서 삶을 통해 익혀진 습관'
'수십 년을 평생을 살아온 습관'

보고 듣고 생각하고 행동하고 보고 듣고 생각하고 행동하는 것이 반복되다 보면 습관이 형성됩니다. 무엇을 보고 어떤 것을 듣고 생각하고 행동하느냐에 따라서 좋은 습관으로 때로는 안 좋은 습관들도 형성됩니다.

독자분들은 어떠한 습관을 가지고 있으신가요?

개인의 오래된 습관들이 커피로스팅에는 어떤 영향을 주게 될까요? 또한 커피로스팅에서의 결과물에는 어떠한 영향을 주는지 이제부터 설명 드리겠습니다.

'커피로스팅 습관 입문단계'에서는 사람의 오래기간에 형성된 습관이 아닌 커피로스팅의 원리를 새로운 습관으로 만들어 드릴 것입니다. 원하는 향미를 찾아가는 길을 제시할 것입니다.

본인의 삶에서 형성된 오래된 습관들은 커피로스팅에서도 그대로 반영이 됩니다.

'계획을 세우고 실천하는 습관의 유형인 사람'

학원에 다니던지 책을 사보던지 하는 계획을 세우고 로스터기까지 꼼꼼히 준비하며 커피로스팅을 시작합니다.

'계획보다는 일단 부딪혀보는 습관의 유형인 사람'

먼저 로스터기를 사던지 아니면 생두부터 준비해서 집에 있는 팬에다가 바로 커피로스팅을 시작합니다.

위의 두 가지 유형 중에서 커피로스팅에 무엇이 좋다고는 할 수 없을 것입니다. 개인의 성향과 행동패턴이 다르기에 각자의 방식으로 적용하면 됩니다.

독자분들께 묻고 싶습니다. "커피로스팅 후 원두의 향미에 항상 만족하십니까?"

만족하지 못하는 분들이라면 지금 하고 있는 커피로스팅을 잠시만 멈추고 생각해 보시길 바랍니다. 사람들은 자기도 모르게 습관에 따라 갑니다. 계획을 잡기도 하고 먼저 행동을 하기도 하며 커피로스팅을 하게 됩니다.

본인의 오래된 습관이 커피로스팅을 이끌어 갑니다. 커피로스팅의 원리를 배우는데도 적용을 못하는 경우가 많습니다. 본인의 생각대로 몸이 이끄는 습관대로 로스팅을 진행하는 경우들이 대부분입니다.

지금 이 시간 글을 읽는 독자분들에게 권합니다.

본인에게 커피로스팅의 원리를 습관화하시길 바랍니다.

커피로스팅의 특성을 '인지단계'에서 지식으로 익혔다면 이제는 습관화 시켜야 합니다. 그렇다면 커피로스팅을 습관화하기 위해서는 가장 먼저 해야 할 것은 무엇일까요?

첫 번째, '프로파일을 만드는 습관'입니다. 커피로스팅의 원리를 본인 것으로 만드는데 핵심이 됩니다.

두 번째, 일주일에 1~2번은 '로스팅 하는 습관'입니다.

일주일에 최소 한번 이상을 하는 습관을 길러야 합니다.

세 번째 커피를 내려 '향미를 분석하는 습관'입니다.

본인이 로스팅한 원두로 내린 커피를 아는 분들에게 초대하여 맛을 보여 주시길 바랍니다. 적어도 두 세 사람에게 맛을 보여주고 평가를 부탁해야 합니다.

그래야 커피로스팅의 결과를 객관적으로 판단할 수가 있습니다. 본인의 미각만으로는 커피의 향미 평가는 객관적으로 판단할 수 없습니다. 아는 분들에게 본인 커피를 대접하시길 바랍니다.

네 번째 어렵다가 아닌 너무 쉽다로 '본인의 생각을 각인시키는 습관'입니다.

생각을 계속해서 하게 되면 자기도 모르게 원인을 찾아가게 되고 과정을 바꾸게 됩니다. 어렵다고 계속 생각하면 포기하게 되지만 너무 쉽다고 생각하면 본인의 두뇌는 원인을 찾게 되고 결국 정말 쉬워지게 됩니다.

커피로스팅 습관이 들기까지는 꾸준한 노력이 필요합니다.

커피로스팅의 좋은 습관은 하루아침에 이루어 지지 않습니다.

항상 로스팅을 생각하고 또한 실행할 때 자동적으로 습관이 형성 됩니다.

1. 커피로스팅 습관-프로파일 작성

현시대는 자격증의 시대라고 해도 과언이 아닐 겁니다. 많은 종류의 자격증들이 있으며 사람들은 저마다 자격증을 취득하기 위해서 많은 노력을 합니다.

빵을 좋아하시는 분들은 제빵사 자격증에 도전을 많이 합니다. 제과제빵 학원들은 자격증을 취득하려는 교육생들로 늘 가득합니다. 제빵사 자격증에 많이 도전하는 이유는 빵의 향긋하며 달콤한 맛이 아닐까 생각해 봅니다.

빵을 개인적으로 한번이라도 만들어 보았다면 알겠지만 빵을 만드는 것은 생각처럼 쉽지 않습니다. 그렇기 때문에 제빵사 자격증을 취득하기 위해 도전합니다.

제빵사 자격증을 따기 위해서는 많은 노력을 해야 합니다. 제빵에 대한 지식을 쌓아야 되며 실기연습을 통해서 실력을 쌓아야 됩니다. 먼저 이론시험을 합격한 후에 실기시험에 합격하면 자격증을 취득하게 됩니다.

그렇다면 커피로스팅은 자격증을 취득하기 위해서는 어떻게 해야 할까요?

아쉽게도 커피로스팅은 자격증이 없다고 이야기할 수 있습니다. 바리스타 자격증도 있는데 커피로스팅은 자격증이 없습니다.(물론 자격증을 발급하는 협회도 있습니다.)

커피로스팅 자격증이 없는 것은 여러 가지 이유가 있을 것입니다. 그 중에서 한 가지를 꼽는다고 하면 커피로스팅의 방식이 너무나 다양하기 때문입니다.

커피바리스타는 자격증이 있는데 난이도가 더 높은 커피로스팅은 자격증도 없습니다. 그리고 사람들은 이야기 합니다. "커피로스팅은 너무 어려워요."

어렵기 때문에 자격증이 없는 아이러니한 상황이지만 그럼에도 커피로스팅을 쉽게 할 수 있는 방법을 제시합니다.

커피로스팅 프로파일을 꼭 작성하시길 바랍니다.

저는 독학으로 커피로스팅을 시작하였습니다.

처음으로 사용했던 로스터기에는 온도계가 있었지만 생두의 정확한 온도는 아니었습니다. 그렇기에 적외선온도계를 구입하여 생두, 드럼, 교반장치의 온도를 따로 측정하여 노트에 기록하였습니다. 이것이 제가 처음 만들었던 '커피로스팅 프로파일'입니다.

저는 커피로스팅 교육을 받은 적이 없습니다. 그러나 로스팅 프로파일을 만들어야 로스팅이 발전할 수 있다는 것을 느낌으로 알 수 있었습니다. 2년간 계속해서 프로파일 작성을 하였으며 프로파일 노트만 3권이 넘을 정도로 지속적으로 프로파일을 만들었습니다.

프로파일을 작성한지 3년 정도가 되었을 때 갑자기 머릿속에 프로파일이 그려지기 시작하고 기억되기 시작하였습니다. 그때부터 머릿속에 저장이 되고 특별한 경우에만 노트에다 프로파일을 기록하였습니다.

사람마다 기억하는 것은 다르겠지만 저의 머리는 그리 좋은 편은 아닙니다. 3년 정도가 되니 프로파일이 머릿속에 그려지기 시작했습니다.

저도 망각의 동물인지라 중요한 정보들은 따로 기록하고 저장해 놓고 있습니다. 제가 사용하는 로스터기는 자동저장기능과 재현기능이 있어서 너무나 편리합니다.

나라별 날짜별 그날의 온도와 손실률 등을 자동 프로파일로 저장합니다. 로스터기의 저장장치에 항상 기록합니다.

계절별 온도와 각 나라의 특성 등을 감안하여 열량을 투입합니다. 로스팅이 끝나고 원두 배출 후에는 향을 맡고 원두상태를 분석하고 손실률을 계산하며 저장합니다. 다음번 진행할 로스팅을 대비하여 프로파일을 만들어 놓습니다.

로스팅 초보시절부터 현재까지 프로파일작성과 노력의 결과가 지금 쓰고 있는 책의 밑거름이 되었습니다.

독자분들에게 다시 권면합니다.

"커피로스팅 프로파일을 꼭 작성하시길 바랍니다."

"뭐라구요? 그래도 프로파일 작성을 안 한다구요?"

이 질문에 "예"라고 대답을 하시는 분들이 있다면 아래를 보시기 바랍니다.

"난 커피원두의 향미에는 별로 관심 없어" 라고 말하고 있는 것과 같습니다.

커피로스팅 프로파일에 어떤 정보들을 기록해야 할지 어떠한 용지를 써야 할지 어떤 방식으로 기록을 해야 할지를 '프로파일 작성방법'으로 따로 담았습니다.

프로파일 작성을 안 하시는 분들이 흔히 하는 말입니다.

- 첫째, 작성법을 모르겠다.

- 둘째, 온도계가 없거나 수치가 안 보여서 못한다.
- 셋째, 그냥 작성하는 것이 귀찮다.

그 외에도 여러 가지 이유가 있겠지만 대체적으로 3가지 유형이 가장 많습니다.

작성법은 '프로파일 작성방법'에서 상세하게 알려드리니 걱정 안 하셔도 됩니다. 온도계 온도가 안 보이거나 또는 로스터기에 온도계가 없거나 하는 것은 다른 방법으로 작성할 수 있습니다. 예를 든다면 아날로그 온도계의 바늘이 보이지 않을 때는 돋보기를 이용하여 본다거나 온도계가 없는 로스터기는 적외선 온도계를 이용하여 프로파일을 작성할 수 있습니다.

'귀찮다'가 가장 어려운 이유일 것입니다. 왜냐하면 본인의 습관이 커피로스팅 프로파일 작성하는 것을 가로막는 가장 큰 이유가 되기 때문입니다.

귀찮다는 것을 '뇌 과학' 측면에서 잠시 이야기 하겠습니다. 어렵다는 생각은 스트레스를 유발하게 됩니다. 뇌의 중요한 부분인 변연계에서는 행복을 방해하는 요소로 인식하고 커피로스팅 프로파일을 작성하는 것을 못하게 방해를 하게 됩니다. 예를 들면 피곤하게 하고 잠이 오게 하는 것입니다.

이때 본인의 머릿속에 '로스팅 후의 원두에서 나는 달콤한 향기'를 상상해 보시길 바랍니다.

커피로스팅 프로파일을 작성하는 것은 달콤한 향미의 커피를 만나는 행복한 시간이라고 상상을 하시길 권유합니다. 프로파일 작성은 향기로운 커피를 만나는 행복한 시간이라고 자꾸 생각하다보면 정말 행복한 시간이 되기 시작합니다.

향기로운 커피를 만난다는 생각을 하다보면 습관이 되고 어느 순간 정말 행복한 시간이 됩니다.

사람의 습관이 바뀌는 것은 두 달 정도 걸린다고 합니다. 행복한 시간이라는 습관을 들이기 시작 한다면 두 달도 안 되어서 행복해질 것이며 커피로스팅 후의 달콤한 향미로 인하여 정말로 행복해 지게 됩니다.

2. 커피로스팅 습관 – 프로파일 작성 방법

커피로스팅 프로파일(profile)이란 무엇일까?

프로파일의 사전적 용어는 '옆얼굴, 개요를 알려주다'란 뜻을 가지고 있습니다.

그렇다면 '로스팅 프로파일'의 사전적 뜻은 무엇일까요?

사전적 뜻은 찾기 힘들기에 제가 직접 정의해 보았습니다.
'커피로스팅과 커피콩에 대한 모든 정보'라고 말하고 싶습니다. 시각과 후각 청각 등의 오감을 이용하여 로스팅이 진행되는 과정을 작성한 것입니다.

사람들은 무의식적으로 기록하는 습관을 가지게 됩니다. 대표적으로 어렸을 때 방학기간 숙제로 일기를 쓰게 됩니다. 자기도 모르게 기록하는 습관을 배웁니다.

이 습관들이 커피로스팅의 프로파일 작성에도 적용된다면 믿으실 수 있으신가요?

프로파일 안에는 커피로스팅에 필요한 모든 정보가 담겨 있습니다. 생두의 정보, 로스팅 시간과 온도, 손실률 등의 중요한 정보들을 기록합니다.

가장 중요한 부분인 커피콩의 '온도변화'를 기록합니다. 로스팅 프로파일은 한마디로 생두에서 원두로 '온도가 변화는 과정'을 기록한 것이라 할 수 있습니다.

온도변화를 기록하는 요령은 어렵지 않습니다. 커피로스팅 시작 후 '30초 단위'로 기록하면 됩니다.

예를 들어서 드럼의 예열 온도를 160℃로 시작할 때 0초(시작)에는 160℃를 기록하고 30초 단위로 변화하는 온도를 기록하면 됩니다. 계속해서 30초의 온도를 기록하고 1분의 온도를 기록하며 30초마다 변화하는 온도를 프로파일에 기록하면 됩니다.

이를 연결하면 로스팅프로파일 그래프가 됩니다.

미리 말씀드리는 것은 프로파일의 수치는 변수를 이해할 수 있는 가장 중요한 부분임을 명심하시길 바랍니다.

조금 더 세부적으로 나누어서 설명을 이어 나가겠습니다.

<u>커피로스팅 프로파일의 예</u>

로스팅 프로파일(Roasting Profile)

일 시	2023년 4월 22일 토요일	기온 / 습도	20 / 25
원산지/지역	에티오피아 아리차 예이미	건조방식	워시드

예 열 온 도	160	투입량(g)	100	배출량(g)	86	수율(%)	86	총열량	72

시간(분)	0	1	2	3	4	5	6	7	8	9	10	11	12	13	14	15	16	17	18	19
온 도(℃)	160	89	85	94	107	120	134	146	160	174	190	202	208							
화 력	6	6	6	6	6	6	6	6	6	6	6	3	3							
댐 퍼	0	0	0	0	0	0	0	0	0	0	0	0	0							
1차팝 / 2차팝											1팝		배출							
메 모																				

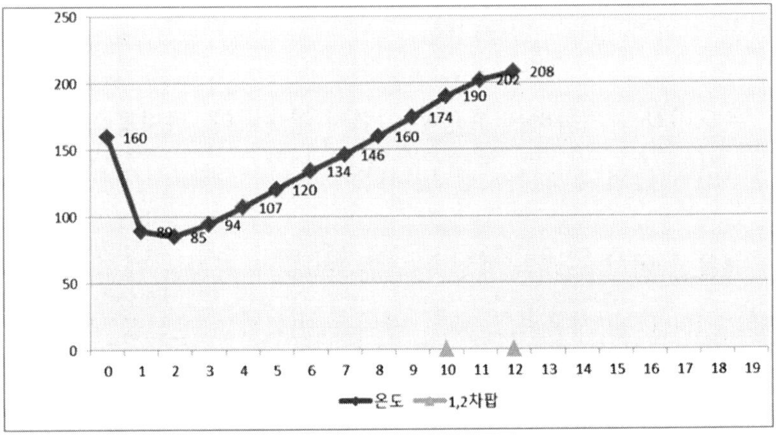

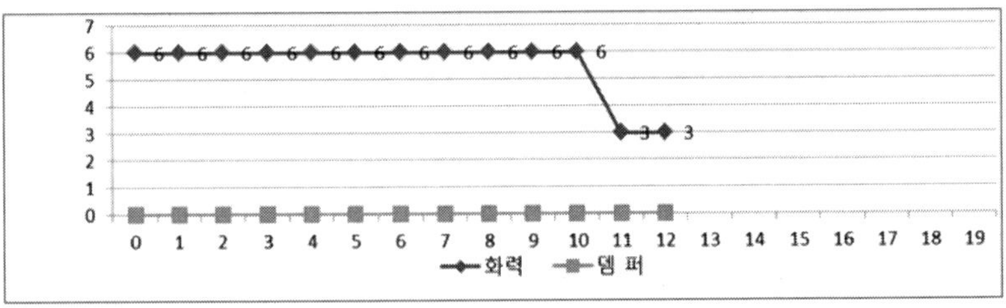

커피로스팅 프로파일 일지 작성요령

커피로스팅 프로파일은 다섯 구간으로 나눌 수 있습니다.

➜ 예열, TP, 드라이, 갈변화, 디벨롭

예열 온도

드럼의 재질과 두께에 따라 예열 온도가 달라집니다. 열원의 종류에 따라서도 예열 온도가 달라집니다.

TP 온도

팬이나 드럼의 축열이 생두로 이동합니다. 이때 드럼과 생두의 온도가 같아지는 지점입니다. 드럼 재질에 따라서 로스팅 시작 후 1~2분 사이에 오게 됩니다.

드라이(건조) 구간

열원의 종류에 따라서 열량과 시간이 달라집니다. 대략 3~6분 정도이며 생두 특성에 따라서도 달라집니다. TP 이후부터 140~150℃ 전후 구간입니다.

갈변화 구간

생두 커피성분의 화학변화가 일어납니다. 생두색이 점점 짙어집니다. 생두내부에 가스가 차며 부풀어 오릅니다. 2~5분 정도이며 로스터기와 생두의 특성에 따라 차이가 나게 됩니다.

디벨롭 구간

커피원두로 만들어 지는 구간입니다. 화학변화가 계속해서 일어나며 생두내부는 가스와 증기가 차며 압력이 높아지며 1차 크랙이 진행 됩니다. 팝콘이 터지는 소리가 납니다. 커피원두의 대표적인 맛인 산미, 단 맛, 고소한 맛, 쓴 맛이 시간별로 생성되며 사라집니다. 온도가 계속해서 오르면 2차 크랙이 진행되고 커피 오일이 맺히기 시작합니다. 산미와 단 맛은 거의 사라지며 쓴 맛과 바디감이 강해지고 시간이 흐를수록 탄 맛의 원두가 됩니다.

각 구간별 간략하게 설명하였으며 상세한 부분은 실전 로스팅에서 이어 나가도록 하겠습니다.

그 외에도 요일, 날씨, 생두 투입량, 원두 배출량, 생두 나라/지역/정제방법, 로스팅 장소, 온도 및 습도, 기타 비고란을 두어 배출 후의 향기와 커피를 내린 후의 향미를 기록합니다.

3. 사진이나 동영상 기록하는 습관

지난주 어떤 일들이 있었는지 기억하나요?

사람은 흔히 '망각의 동물'이라고 합니다.

얼마 전 방영했던 드라마 속의 '우영우 변호사'는 한번 본 것은 사진으로 기억 속에 저장하는 능력이 있습니다. 기억 속에 저장한 사진을 보고 싶을 때에 꺼내서 보는 놀라운 능력을 보여 주었습니다. 그러나 이것은 드라마 속 이야기일 뿐, 아무리 뛰어난 머리를 가지고 있더라도 시간이 지날수록 기억 속에서 사라지게 됩니다.

커피로스팅을 오랜 기간 하였어도 로스팅에 대한 기록이 없으면 이전에 로스팅을 어떻게 했는지 전부를 기억하는 사람은 없을 겁니다.

저도 기억력이 좋지 못합니다. 그렇기 때문에 어쩌면 기억하기 위해서라도 로스팅 기록을 꼭 남깁니다.

커피로스팅 프로파일만 있어도 중요한 자료가 됩니다. 그러나 로스팅 당시의 원두 결과물들은 프로파일 기록만을 가지고는 정확한 정보를 떠올리기가 쉽지 않을 겁니다.

저는 로스팅 초창기 때부터 프로파일 기록 외에도 사진을 찍어 기록으로 남겼습니다. 더불어 동영상까지 촬영하며 생두에서 원두로 변화하는 과정을 남겼습니다. 사진과 동영상을 보며 프로파일 기록을 분석 하였습니다.

사진과 동영상들이 주는 시각적인 부분은 로스팅 프로파일의 정보들을 이해하는데 많은 도움이 되었습니다.

배출 후 원두의 사진을 꼭 남겨야만 하는 걸까?

커피로스팅을 마치고 배출한 원두에서는 여러 가지의 정보를 로스터에게 전해 줍니다. 커피의 향, 원두의 주름, 체프의 색상이 로스팅 과정에서 어떻게 변화 하였는지를 보여주는 중요한 정보를 담고 있습니다.

커피로스팅 직후에는 배출된 원두를 눈으로 보기에 알 수 있지만 시간이 지남에 따라 사람의 기억 속에서는 점점 사라지게 됩니다. 며칠이 지나고 다시 로스팅을 할 때 이전 원두의 기억을 떠올려 보면 생각이 나지 않을 때가 많습니다. 만일 로스팅의 횟수가 많았다면 기억은 더욱 희미해집니다.

이때 사진으로 기록이 남아 있다면 지난 로스팅의 기억을 쉽게 떠올릴 수 있습니다. 커피원두는 눈으로 볼 수 없는 부분들이 많은데 사진을 확대하여 보면 원두의 정확한 상태를 확인할 수 있습니다. 눈으로는 보이지 않는 부분까지 볼 수 있는 장점이 있습니다.

사람은 망각의 동물임을 잊으면 안 됩니다. 많은 종류의 커피생두를 로스팅 할수록 커피원두의 기억들은 본인의 기억에서 빠르게 사라지게 됩니다.

커피로스팅을 배우는 초창기에 프로파일 작성은 열심히 합니다. 그러나 결과의 근거가 될 만한 사진이나 영상이 없다면 어떻게 될까요? 프로파일은 반쪽짜리 정보만을 가진 기록이 될지도 모릅니다.

커피로스팅의 전체과정을 영상으로 남긴다면 더 할 나위가 없습니다. 할 수만 있다면 사진과 동영상을 함께 남기면 좋습니다. 사람마다 상황이 여의치 못할 수도 있습니다. 동영상을 못 남기더라도 사진만은 꼭 남기시길 바랍니다. 원두사진을 프로파일 정보의 추가 자료로 활용한다면 커피로스팅의 발전에 많은 도움이 됩니다.

그림 7 커피로스팅 생두 및 원두

4. 선 핸드픽과 후 핸드픽 습관

핸드픽은 안 해도 되는 것일까 꼭 해야 하는 것일까?

커피로스팅을 하며 배출하기 전을 '커피생두'라 부르고 로스팅 후 배출한 것을 '커피원두'라고 부르도록 하겠습니다. 지금 이야기를 하는 이유는 커피로스팅을 하기 전과 로스팅 후에 해야 할 것이 있기 때문입니다.

커피생두는 원산지에서부터 소비자에게 오기까지 많은 시간이 걸립니다. 원산지에서는 커피생두를 수확하는 과정과 정제과정 중에 결점두(디펙트빈)가 섞이게 됩니다.

결점두를 골라내기 위해서 커피로스팅을 시작하기 전에 선 핸드픽을 하며 로스팅 후의 배출한 커피원두는 후 핸드픽을 합니다.

핸드픽을 하는 것은 단순히 결점두만을 골라내는 것은 아닙니다. 선 핸드픽을 하게 되면 생두의 상태를 파악하는데 도움이 됩니다. 커피로스팅에서의 열량을 어떻게 투입할지를 미리 정하는 것에도 도움이 됩니다.

커피생두의 색이 진하고 연한 것으로 실버스킨(체프)의 색으로 손에 꽉 잡았을 때 어느 정도 단단한지를 느껴 봅니다. 선 핸드픽으로 커피로스팅에서의 열량과 시간을 어느 정도로 주어야 할지를 예측 할 수 있습니다.

핸드픽을 할 것이 없거나 결점두가 매우 적다면 가장 이상적인 커피생두입니다. 그러나 커피생두 원산지의 현지사정을 이해한다면 결점두가 일정부분은 포함될 수밖에 없다는 것을 이해할 수 있습니다.

그럼에도 핸드픽할 것이 적은 생두를 고른다면 선 후 핸드픽의 과정은 수월해질 것입니다. 요즘은 후 핸드픽에서 극소량의 디펙트빈만 나오는 품질이 좋은 생두도 많으니 참고 하시길 바랍니다.

결점두는 좋은 커피향미가 아닌 불쾌한 맛을 내는 커피생두입니다. 선 핸드픽에서 골라내야 할 결점두가 있는 반면에 후 핸드픽에서 골라내야 할 결점두가 있습니다.

선 핸드픽도 중요하고 후 핸드픽도 중요합니다. 만일 두 가지 중에서 더 중요한 것을 고르라고 한다면 저는 후 핸드픽을 선택할 겁니다. 왜냐하면 선 핸드픽에서는 보이지 않는 디펙트빈을 후 핸드픽에서만 골라낼 수 있기 때문입니다.

핸드픽은 커피로스팅 원리를 이해하는데 있어서도 중요하니 습관을 들이신다면 커피 향미는 나날이 좋아질 것입니다.

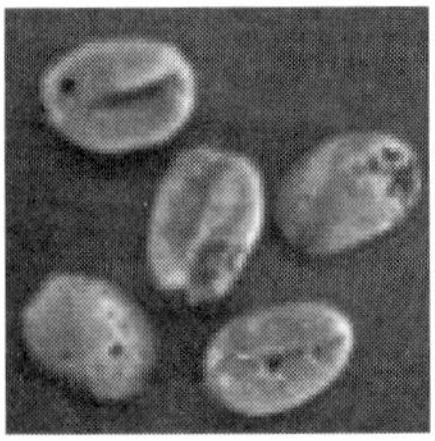

벌레먹은 생두 : 주로 천공충에 의해 발생하며 생두에 구멍이 뚫려있다. 푸른색 곰팡이가 발생한다.

미성숙한 생두 : 덜 익은 체리를 수확 후 가공하면 발생한다. 떫은 맛과 아린 맛 풋내와 비릿한 맛이 난다.

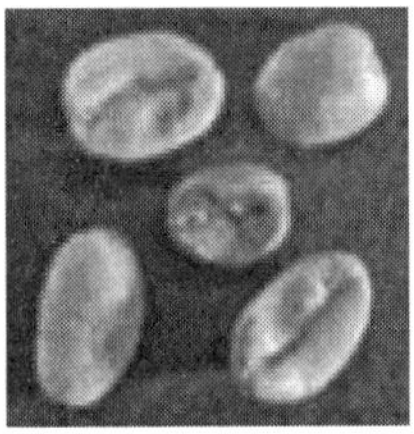

과발효된 생두 : 과숙한 체리나 땅에 떨어진 생두에서 발생하며, 가공 과정에서도 발생한다.

곰팡이 핀 생두 : 유통과정이나 보관 온도, 습도가 맞지 않아 발생한다. 노란색이나 적갈색을 띈다.

조개껍질 생두 : 얇은 조개껍질 모양의 생두이다. 유전적 요인에 의하여 발생한다.

깨진 생두 : 깨어지거나 부서진 생두이다. 펄핑 과정이나 탈곡 과정에서 발생한다.

그림 8 결점두의 종류

5. 커피로스팅 원인 분석의 습관화

품질이 좋은 생두임에도 향미가 나지 않는다면?

커피로스팅 후 원두에서 원하는 향미가 나지 않습니다. 향미가 나지 않음에도 원인을 고민하지 않는 분은 아마도 없을 겁니다. 당연히 원인 분석을 해야 합니다.

커피로스팅이 끝난 후에는 세 가지를 분석해야 합니다.

- 첫째, 로스팅 프로파일 분석
- 둘째, 배출직후의 원두 분석
- 셋째, 커핑으로 향미 분석

커피로스팅이 발전하기 위해서는 배출후의 원두를 분석해야 합니다. 커피로스팅이 문제가 있는데도 원인 분석을 하지 않는다면 로스팅 실력은 제 자리에 머물 겁니다. 그러나 원인을 분석하기 시작하면 커피 향미는 나날이 좋아집니다. 발전을 원하지 않으신다면 몰라도 발전하기를 바라신다면 원인 분석하는 습관을 길러야 합니다.

가. 커피로스팅 프로파일 분석

원인 분석을 하기 위해서는 커피로스팅 프로파일 작성은 필수임을 다시 한번 말씀을 드립니다. '귀찮아서' 또는 '어렵다'고 프로파일 작성을 하지 않는 것은 "나는 향미가 나지 않아도 괜찮아" 라고 말하는 것과 같다고 말씀드렸습니다.

원인 분석으로 가장 먼저 해야 할 것이 있습니다. 지난 로스팅 프로파일과 현재 로스팅 프로파일을 비교 분석하는 것입니다. 가장 먼저 로스팅 전체시간이 변하였는지 확인해야 합니다. 로스팅 시간이 평소보다 늘어났거나 빨라졌다면 왜 그런지를 원인 분석해야 합니다.

'TP(TURNING POINT) 온도가 변하는지'

➜ 터닝포인트 온도와 시간이 변하지 않는 것이 가장 좋으나 계절에 따라 자주 변하는 것이 TP 온도입니다.

'1차 크랙(1차 팝핑)이 언제, 몇 도에 오는지'

➜ 1차 크랙이 시작하는 온도와 시간은 로스팅 프로파일의 핵심 중의 핵심입니다. 시간과 온도가 변한다면 왜 변하는지를 꼭 원인 분석을 통해서 이유를 찾아야 합니다.

나. 배출직후의 커피원두를 분석

커피로스팅 직후 배출한 커피원두의 외관과 센터컷, 주름 등의 상태를 관찰합니다. 배출 후의 커피원두 향기를 맡으며 프로파일 속 시간과 열량을 분석해야 합니다.

배출 직후 커피원두의 향으로 로스팅이 잘 되었는지를 느낄 수 있을 때까지는 계속해서 분석하는 습관을 들여야 합니다.

다. 커핑(커피추출)으로 커피향미를 분석

커피원두를 분쇄한 후 뜨거운 물을 이용하여 커피성분을 녹여냅니다. 추출한 커피에서 커피향미를 분석하면서 커피로스팅에서의 원두 발현 상태를 가늠할 수 있습니다.

산미, 단 맛, 고소한 맛, 쓴 맛, 바디감, 여운 등의 좋은 커피향미를 커핑을 통해 분석합니다. 또한 잡미라 부르는 떫은 맛, 아린 맛, 탄 맛, 담배찌꺼기 같은 불쾌한 맛 등을 분석하여 커피로스팅 프로파일에 반영해야 합니다.

원인분석은 원두의 향미를 최상으로 끌어올리며 로스팅 발전을 위해서는 꼭 들여야 할 습관 중 하나임을 명심해야 합니다.

Story 4

커피로스팅 변수-분석단계

(커피향미를 막는 변수)

1. 열원의 변수
2. 로스터기의 변수
3. 생두의 변수
4. 환경의 변수

Story 4

커피향미 막아서는 변수는 무슨 말일까?

커피로스팅을 지속적으로 하다보면 이러한 이야기들을 하게 됩니다. 열과 로스터기와 생두의 특성도 어느 정도 이해한다고 합니다. 로스팅 프로파일 작성도 열심히 한다고 합니다. 그런데도 "왜 원하는 향미는 나지 않을까?"라며 고민이 많다고 이야기들을 합니다.

커피로스팅은 '어렵다'고 하는 것 중에 다른 이유가 있습니다. 그것은 커피로스팅을 방해하는 눈에 보이지 않는 여러 가지 '변수'들이 존재하기 때문입니다.

변수의 사전적 의미는 '변화를 일으키는 요인'이라고 나와 있습니다.

그렇다면 커피로스팅에서의 변화를 일으키는 요인은 무엇이며 원두의 향미 발현을 방해하는 요인에는 무엇이 있는지를 설명 드리겠습니다.

커피로스팅을 하다보면 방해하는 여러 가지 요소들이 있다는 것을 느끼게 됩니다. 열이나 로스터기, 생두 특성들은 눈에 보이지 않습니다. 그렇기 때문에 어렵다고 할 수 있는데 이외에도 '눈에 보이지 않는 것'들이 너무나 많습니다.

보이지 않는 변수들이 커피원두의 향미를 생성하는데 방해가 됩니다. 방해하는 변수를 이해하고 넘어가지 않으면 로스팅을 할 때마다 커피원두의 향미는 변하게 됩니다. 변수를 아는 것을 넘어서 통제를 해야 합니다. 변수를 통제하지 못한다면 커피로스팅이 끝난 후 아래의 말을 자주할 것입니다.

"맛있어져라~ 맛있어져라" 라고 주문을 외우며 원두향미를 운에다 맡기게 됩니다.

그렇다면 커피로스팅을 하는 사람을 다른 말로 부른다면 '변수 통제사'라 할 수 있습니다. 통제 한다는 것은 변수가 발생하지 않도록 미리 차단하는 것이라 할 수 있습니다. 흔히 사고가 날 수 있는 상황을 인지하면 사고요인을 미리 통제 하듯이 커피향미를 방해하는 변수들을 미리 통제해야 합니다.

현시대에 사용하는 로스터기는 발전에 발전을 거듭하고 있습니다. 로스터기의 발전은 커피향미를 발현하는데 특성화 되면서 발전을 거듭하고 있습니다. 다르게 이야기 한다면 커피향미를 방해하는 원인들을 최소화 하며 발전해 왔습니다. 변수를 줄여가며 발전해 왔다고 해도 과언이 아닙니다.

로스터기를 만들었던 시간과 역사들이 오래 되었을수록 변수는 적어집니다. 안정적인 열을 공급하도록 발전해 왔습니다. 혹시나 이 글을 읽으며 로스터기를 만들 계획이 있으신 독자분이 계시다면 필히 변수를 이해하고 적용하시길 권유합니다.

소형(홈)로스팅이 더 어려운 이유는 무엇일까요?

상업용로스팅에 비해서 소형(홈)로스팅은 변수들의 영향을 더 많이 받게 됩니다. 변수를 통제하지 못하면 원하는 향미의 커피원두를 만나기 어려울 것입니다. 변수들로 인하여 바뀌는 상황에 계속해서 끌려 다니게 됩니다.

커피로스팅은 본인이 리드를 하면서 원하는 향미를 이끌어 내야합니다. 변수들이 일으키는 여러 상황에 끌려 다니다 보면 "맛있어져라~"는 주문만을 외우게 됩니다.

커피로스팅 실력이 빨리 향상되고 싶은신가요?

그렇다면 변수를 이해하는데 노력하시길 바랍니다. 변수들 중에서도 가장 핵심 되는 것이 하나 있습니다. 궁금하시더라도 조금만 참으시길 바랍니다. 이번 단계의 마지막 부분에서 자세히 설명해 드릴 예정입니다.

로스팅을 방해하는 변수들에는 어떤 것들이 있을까요?

커피로스팅에서의 전체 변수로 작용하는 것은 환경, 열원, 로스터기 및 장치, 날씨, 온도차, 커피생두 등이 있습니다.

커피로스팅에서의 세분화 변수로는 가스 및 전기압력, 로스터기 구조, 드럼의 재질, 하우징, 배기, 온도계가 있습니다. 커피로스팅에 쓰이는 장비부터 환경에 이르기까지 모든 것이 커피향미의 발현을 방해하는 변수가 됩니다.

'커피로스팅 변수 분석단계'에서는 열원, 로스터기, 생두 및 여러 환경이 향미 발현에 영향을 주는 요인이 무엇인지를 설명할 것입니다. 그 외에도 여러 정보를 과학적인 방법으로 설명하며 통제하는 과정을 설명하겠습니다.

1. 열원의 변수

커피로스팅에 사용되는 열원에는 무엇이 있을까?

크게 두 가지가 있습니다. 커피로스팅은 가스와 전기 두 가지의 열원을 사용하고 있습니다. 상업용으로부터 가정용까지 가스열원을 가장 많이 사용합니다. 소형이나 홈로스팅은 전기를 열원으로 하는 로스터기도 늘어나고 있습니다. 물론 상업용에도 전기를 사용하고 있으나 소수이며 대부분의 로스터기는 가스를 열원으로 사용하고 있습니다.

가스와 전기 열원에는 두 가지의 큰 변수가 있습니다. 두 열원 모두 '압력'이라는 변수가 로스팅의 열량에 영향을 미치며 원두의 향미 발현에 영향을 주게 됩니다.

가. 가스 열원의 압력 변수

가스는 LNG(도시가스)나 LPG(액화석유가스) 그리고 부탄가스를 사용하여 커피로스팅을 하게 됩니다.

LNG는 사용하는 시간대에 따라서 가스의 압력이 변하게 됩니다. 사용시간대에 따른 압력의 변화로 상업용 로스터기를 사용하는 곳은 LPG가스를 사용하는 곳이 많습니다. LNG, LPG를 사용하는 상업용 로스터기는 일정한 가스압력을 유지하기 위하여 가스미압계를 장착하여 사용하고 있습니다.

소형이나 가정용로스터기는 가스버너를 많이 사용합니다. 부탄가스는 커피로스팅을 진행하다보면 가스의 압력이 달라집니다. 이를 통제하기 위해서 미압계가 달려 있는 가스버너를 이용하는 분들도 많습니다.

나. 전기 열원의 압력 변수

전기를 열원으로 사용하는 커피로스터기는 대표적으로 열풍로스터기와 적외선(복사열)로스터기 등이 있습니다.

전기는 사용하는 시간대에 따라서 압력의 차이가 생기며 커피향미 발현에 영향을 주게 됩니다.

전기압력이 변하는 예를 수돗물과 비교해 보겠습니다.

5층 빌라에 사는 사람이 있습니다. 낮에 샤워를 하기 위해 물을 틀었는데 물이 '콸콸콸~' 쏟아집니다. 그런데 출근하는 아침 시간에 샤워를 하기 위해 물을 틀면 '졸졸졸~' 약하게 나오는 걸 경험하게 됩니다.

아침 시간에는 빌라내의 많은 가정이 그리고 다른 빌라들과 사람이 거주하는 곳에서 물을 사용하게 됩니다. 이에 수압이 약해져서 5층에는 물이 약하게 나옵니다. 낮에는 물 사용량이 감소하기에 수압이 높아져서 물이 강하게 나옵니다.

전기 또한 수돗물과 같습니다. 전기에도 압력이 있어서 사용량이 많은 시간대에는 압력이 낮아지고 사용량이 적은 시간대에는 압력이 높아집니다.

전기의 압력 차이가 커피로스팅에서의 열량을 변하게 만들고 이는 원두의 향미 발현에 영향을 주게 됩니다.

다. 열원 압력의 변수를 통제하는 방법

가스를 열원으로 사용하는 로스터기는 미압계를 필히 사용해야 합니다. LNG를 사용하면 시간대에 따라서 가스압력이 달라질 수 있습니다. 변하는 압력 때문에 어떤 곳에서는 LPG 가스통을 다량으로 연결하여 사용하기도 합니다.

전기열원 로스터기를 사용한다면 전기의 사용량이 가장 적은 시간대에 커피로스팅 하는 것을 권유합니다. 만일 불가피할 때에는 온도상승 변화를 보면서 열량을 조절해야 합니다. 전압의 변화는 커피로스팅 전체 시간과 생두의 온도상승에 영향을 줍니다. 전압이 낮을수록 로스팅 시간이 길어지고 전압이 높을수록 시간이 단축 됩니다.

커피로스팅 프로파일을 작성하여 시간대에 따른 온도변화를 분석해야 합니다. 어느 시간대에 사용량이 많은지를 분석하고 전기 사용량이 적은 시간대에 로스팅을 해야 합니다. 어쩔 수 없이 로스팅을 해야 한다면 전기 압력이 낮을 때와 높을 때에 따라서 열량 조절을 해주어야 합니다.

저는 여러 해 전에 커피로스팅 대회에 참석한 적이 있었습니다. 서울에서 열리는 규모가 큰 커피 행사였습니다. 전기열원 로스터기를 사용하여 열리는 커피로스팅 대회였습니다.

커피 행사장은 어마어마하게 많은 곳에서 전기를 사용합니다. 평상시 집이나 사무실 학원 등에서 사용하는 전기 압력과는 완전히 달랐습니다. 대회가 열리고 늘 하던 습관대로 프로파일 작성을 하는데 대회장의 전기압력은 너무나 낮았습니다. 재빨리 프로파일을 수정하고 열량을 조절하여 안정된 열량으로 로스팅을 리드할 수 있었습니다.

본선에서 결선으로 진출하였고 다음 날 열리는 결선에서는 과연 어떻게 되었을까요?

독자분들의 상상에 맡기도록 하겠습니다.

커피로스터기의 열원에는 압력이란 변수가 존재합니다. 압력을 미압계로 볼 수도 있습니다. 전기도 전류계를 설치하여 흐르는 양을 측정할 수 있습니다.

그러나 그 전에 커피로스팅 프로파일을 꼭 작성해야 합니다. 프로파일에서 변하는 온도를 측정하며 빠르게 열량을 조절할 줄 아는 것이 중요합니다.

커피로스팅에서의 안정적인 열원은 필수입니다. 그러나 변수 상황이 발생하였을 때 통제하고 조절할 수 있는 능력이야 말로 안정된 커피원두의 향미를 발현하는데 꼭 필요한 것임을 잊지 말아야 합니다.

2. 로스터기의 변수

가. 드럼의 축열에 의한 변수

‘축열’이 무엇인지는 다들 아실 겁니다. 기억이 나지 않으시는 분을 위해 다시 말씀드리면 드럼에 축적되어 있는 열을 말합니다.

커피로스터기는 생두를 담을 수 있는 드럼을 사용합니다. 드럼의 대부분은 축열을 사용합니다. 드럼에 축적되어 있는 열은 두 가지가 변수로 작용합니다. 드럼의 ‘재질’과 ‘두께’가 커피원두의 향미 발현에 영향을 주게 됩니다.

드럼 재질의 종류가 무엇이냐에 따라서 축열이 달라지고 두께의 차이에 의해서도 달라집니다. 드럼의 재질과 두께는 열량의 차이로 이어지고 원두의 향미에 많은 영향을 주게 됩니다. 사용하는 로스터기의 재질과 두께를 이해하고 열량을 통제할 때 커피생두는 달콤한 향미를 보여줍니다.

나. 직화열에 의한 변수

직화열에는 무엇이 있을까요?

여러 가지가 생각날 수 있습니다. 그렇다면 커피로스팅에서 사용되는 직화열은 무엇이 있었는지 기억 하시나요?

그렇습니다. '복사열'이 있습니다.

가스를 열원으로 사용하는 로스터기 중에도 드럼에 구멍을 뚫어 사용하는 직화열 로스터기도 있습니다. 그러나 소수에 불과하기에 복사열 로스터기로 예를 들어 설명 하겠습니다.

복사열은 대부분 할로겐 램프를 사용합니다. 할로겐 램프는 어떤 것을 사용하느냐에 따라 열의 종류가 달라십니다. 복사열이 대부분인 할로겐 램프가 있으며 복사열과 전도열이 함께 나오는 할로겐 램프도 있습니다. 어떤 할로겐 램프를 사용하느냐에 따라서 향미 발현에 영향을 주게 됩니다. 곧 변수로 작용합니다.

할로겐 램프의 종류를 이해하고 어떠한 특성을 가지고 있는지를 이해하고 열량을 통제한다면 복사열 커피로스팅에서의 원두는 항상 달콤한 향미를 보여 줄 것입니다.

다. 배기에 의한 변수

눈에 잘 보이지 않으면서도 원두의 향미 발현에 가장 큰 영향을 주는 것을 뽑는다면 '배기'라 할 수 있습니다.

어떻게 보면 너무나 당연하기에 오히려 그냥 지나칠 수 있는 것이 배기입니다. 커피로스팅에서의 배기는 일반 요리의 배기와는 다르며 흔히 생각하는 배기와는 비슷하면서도 전혀 다른 특성을 가졌습니다.

'커피로스팅에서의 배기'는 로스터기 드럼내의 증기와 가스 그리고 열이 함께 빠져나가기에 원두향미의 발현에 가장 많은 영향을 준다고 하여도 과언이 아닙니다. 국내와 국외 유명한 분들도 배기에 관한 이야기들을 많이 합니다. 그만큼 중요한 변수로 작용합니다.

배기는 커피로스팅에서의 중요한 변수임을 강조합니다.

소형(500g 이하) 로스터기의 배기에는 관심을 두는 분들이 많지는 않습니다. 배기는 커피원두의 향미에 미치는 영향이 가장 큰 변수이기에 로스터기 용량이 크든 적든 관심을 많이 두어야 합니다.

다시 한번 강조합니다. 배기는 커피원두의 향미를 좌지우지 하는 중요한 변수입니다.

로스터기가 소형일수록 별도의 배기 장치가 없으며 자동배기를 하게 됩니다. 소형 로스터기의 자동배기는 증기와 가스가 드럼의 열린 공간을 통해서 자동으로 빠져나갑니다. 로스터기 용량이 커질수록 배기장치가 별도로 있으며 배기를 조절하는 장치인 댐퍼를 사용합니다. 유명한 OO로스터기는 자동댐퍼기능을 사용하여 자동으로 배기를 조절합니다.

소형 로스터기의 대부분은 배기 조절장치가 없기에 배기 조절이 쉽지 않습니다. 수동댐퍼를 사용하는 상업용 로스터기는 증기, 가스와 함께 빠져나가는 열이 원두향미에 영향을 주지 않도록 배기를 통제해야 합니다.

배기는 한 마디로 열량이라고 할 수 있습니다.

가스와 증기는 로스터기 내부에서 빠져 나가야 합니다. 적정치의 배기를 어떻게 조절 하느냐가 커피향미를 발현하는데 중요한 부분이 됩니다. 열이 함께 이동하기에 어떻게 통제하느냐에 따라서 커피향미는 달라집니다.

라. 투입량에 따른 변수

모든 로스터기는 생두의 권장 투입량이 있습니다. 이를 '적정 투입량'이라고 하며 대부분의 로스터기는 최대투입량의 약 70~80%의 생두투입을 권장하고 있습니다.

로스터기에 투입량이 너무 적어도 문제가 되며 투입량이 너무 많아도 원두의 향미 발현에 영향을 주게 됩니다. 투입량이 적을 때 화력이 강하면 속이 덜 익는 현상이 발생할 수 있으며 투입량이 많을 때는 로스팅 시간이 길어지면서 텁텁한 향미의 원두를 만날 수 있습니다.

커피로스팅에서의 재료는 오직 커피생두 한 가지만 쓰고 있습니다. 팬로스팅부터 대형 로스터기까지 생두의 투입량을 얼마만큼 하느냐에 따라서 커피향미는 변하게 됩니다.

예를 들어 최대투입량이 500g인 커피로스터기가 있는데 500g을 꽉 채운 상태로 로스팅을 진행하면 어떻게 될까요?

먼저 생각할 것은 드럼 내의 생두 교반입니다. 열이 균일하게 생두로 이동하는지 안 하는지 투입량에 따라서 달라집니다. 드럼 안에 생두가 꽉 차게 되면 드럼의 축열이 모든 생두로 균일한 이동을 못하게 됩니다. 어떤 생두는 드럼의 축열이 이동하고 어떤 생두는 다른 생두의 열이 이동하는 현상이 발생합니다. 결국 로스팅 시간은 늘어나고 원하는 커피향미를 만나기는 쉽지 않게 됩니다.

생두 투입량이 너무 적거나(50% 이하) 100%를 채우거나 넘게 투입한다면 또 이런 주문을 중얼 거릴지 모릅니다.

"맛있어져라 ~ 맛있어져라 ~"

3. 생두의 변수

커피생두가 열을 좋아하는 이유는 무엇일까?

뜬금없이 무슨 소리냐고 하시겠지만 커피나무는 열을 매우 좋아합니다. 그래서 커피나무는 지구의 적도 부근 커피벨트라고 하는 지역에서 자랍니다.

그럼 우리나라에서는 자라지 않는 걸까? 라는 의문이 들 수 있습니다. 우리나라도 커피나무 농장이 많고 견학을 가는 분들이 많이 있습니다.

커피공부를 조금이라도 해보신 분은 아시겠지만 커피나무는 열대성 식물입니다. 오래전 유럽에서 키우려고 가지고 갔다가 4계절로 인하여 키우지 못하였습니다. 그리고 인도네시아의 열대기후에서 키우는 것을 시작으로 세계 각지의 열대기후지역으로 뻗어나갔습니다.

커피나무는 열을 좋아하지만 추위는 싫어합니다. 그래서 4계절이 있는 대한민국은 커피나무를 키우기에는 적합하지가 않습니다. 물론 겨울에 비닐하우스에서 따뜻한 난방을 하며 키울 수 있습니다. 그렇기에 우리나라의 커피농장들도 계속 늘어가고 있는 추세입니다.

다시 한번 말씀 드리지만 커피나무와 커피생두는 열을 좋아합니다.

이야기가 많이 길어졌습니다.

세계의 많은 나라에서 커피나무가 재배되고 체리를 수확합니다. 정제 과정과 건조 과정을 거친 후에야 커피생두는 우리나라에 수입이 됩니다. 대부분은 배를 운송수단으로 대양을 건너서 우리나라로 들어오게 됩니다. 수출입 하는 과정에서도 시간이 걸리고 소비자에게 오기까지는 많은 시간이 걸립니다.

먼 바다를 건너오는 동안에 수분은 아주 조금씩 줄어들게 됩니다. 왜냐하면 수출국에서 12%의 커피생두로 보낸다 하더라도 바다를 건너올 동안 미세하게 수분이 줄어들기 때문에 소비자에게

도착할 때는 11% 정도가 됩니다.

커피생두에서의 가장 큰 변수는 바로 '수분'입니다.

커피생두는 보관이 매우 중요합니다. 소비자가 어디에 보관하느냐에 따라서 그리고 보관기간에 따라서 수분이 조금씩 줄어들게 됩니다. 생두를 구입 하자마자 로스팅한 것과 몇 개월 지나거나 1년 후 로스팅 하였을 때의 결과를 보면 수분의 차이를 느낄 수 있습니다. 커피로스팅의 시간과 열량의 차이로 나타나며 원두 향미에 영향을 주게 됩니다.

생두의 수분에 영향을 미치는 것은 '보관 기간'이 됩니다.

커피생두를 보관하는 기간에 따라 수분함량은 달라집니다. 하지만 더욱 중요한 것은 생두를 보관하는 장소입니다. 약 15~20℃ 사이의 일정한 온도가 유지되는 보관 장소가 좋습니다. 생두를 대량으로 유통하거나 로스팅하는 곳은 생두 보관창고가 따로 있습니다. 개인이 보관한다면 서늘한 곳에 보관하고 와인셀러 같은 일정한 온도를 유지할 수 있는 곳에 보관한다면 생두의 수분을 유지하는데 좋습니다.

압력밥솥에 밥을 하면 가을에는 물의 양을 적게 넣습니다. 가을에 나오는 햅쌀은 수분이 많이 포함되어 있기에 물을 적게 넣어야 밥맛이 좋습니다. 그러나 봄에는 물을 조금 더 많이 넣어 주어야 합니다. 몇 개월 동안 보관기간이 길어짐에 따라서 수분양이 줄어들게 되고 밥을 할 때는 가을 햅쌀보다는 물을 조금 더 많이 넣어야 합니다.

커피생두도 비슷하지만 쌀하고는 다릅니다. 쌀은 물을 다시 넣을 수 있다면 커피생두는 다시 넣을 수가 없기에 까다로운 깍쟁이라고 불렀습니다. 그렇기에 보관을 잘 하는 것이 변수를 줄이는 가장 효과적인 방법이 됩니다.

생두를 어디에다 보관하시나요? 온도변화가 적고 서늘한 곳에 보관한다면 몇 개월이 지나서 커피로스팅을 하더라도 언제나 달콤한 향미를 보여 줄 것입니다.

4. 환경의 변수

계절과 날씨는 커피로스팅에 어떠한 영향을 미칠까?

커피나무는 열대지역에서 잘 자랍니다. 한 낮의 뜨거운 열기는 커피나무에겐 가장 좋은 환경이 됩니다. 우리나라는 4계절이 있는 나라로서 커피나무가 자라기에는 적합하지 않은 환경을 가지고 있습니다.

커피로스팅의 관점으로 보면 봄과 가을은 15℃에서 20℃ 전후로 낮의 온도가 비슷하다고 하면 여름과 겨울은 30℃ 이상의 온도차가 발생하게 됩니다. 이러한 온도차는 커피로스터기의 드럼과 배기에 많은 영향을 주게 됩니다.

상업용 로스팅에서는 로스팅 룸의 온도를 일정하게 유지하며 로스팅을 하지만 소형 로스터기나 가정에서의 홈 로스팅은 계절마다 온도가 달라지게 됩니다. 달라지는 온도는 변수로 작용하게 됩니다. 특히 야외 같은 곳은 더욱 심한 차이가 발생하게 됩니다.

아파트 베란다에서 커피로스팅을 하시는 분들이 많이 있으실 겁니다. 여름과 겨울의 온도 차이는 커피생두와 로스터기에 가장 큰 변수로 작용하게 됩니다. 여름은 선풍기 같은 것으로 최대한 열을 감소시켜준다 하여도 겨울 영하의 날씨에는 로스팅 하기가 쉽지 않을 것입니다. 통제할 수 있는 방법은 박스나 칸막이 같은 것으로 열이 이동을 못하도록 막아주고 부족한 열을 미니열풍기로 채워주어야 합니다.

계절 같은 변수를 관리하는 것도 중요하지만 더 중요한 것이 날씨와 습도입니다.

맑은 날씨는 로스팅 하기에는 최상의 상태입니다. 비오는 날씨는 습도가 높아지게 됩니다. 습도가 높아지면 로스팅이 진행될수록 드럼 내부의 증기와 가스가 열과 함께 배기를 통해서 빠져나가는 속도가 느려지게 되고 원두 향미에도 영향을 주게 됩니다.

상업용 로스팅에서는 배기장치가 따로 있어서 일정하게 배기가 되어야 하나 비가 오는 날이나 습도가 많은 날은 배기가 원활하게 이루어 지지 않아 원하는 로스팅 결과물을 만들기가 쉽지 않게 됩니다.

그렇기에 비오는 날은 되도록 커피로스팅을 하지 않는 것이 원칙 아닌 원칙이 되는 것입니다.

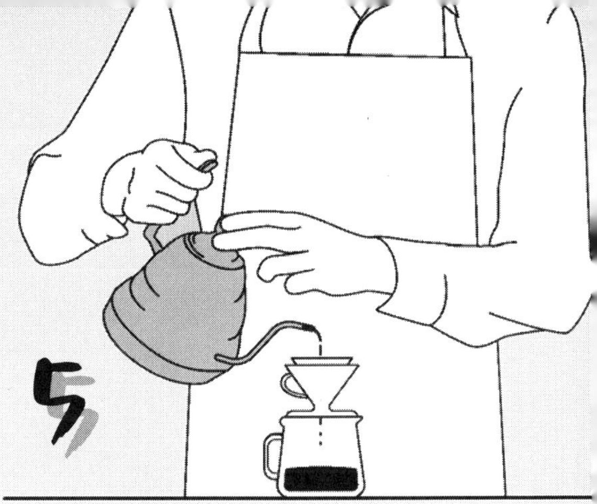

story 5

커피로스팅 준비-심화단계

(커피로스팅 원리 적용)

1. 실전 팬로스팅
2. 실전 소형 및 홈로스팅
3. 상업용로스팅의 특성

Story 5

아무리 많은 지식을 쌓아도 사용하지 않으면 무용지물이 될 수 있습니다. 커피로스팅의 원리를 쌓았으면 실전에서 사용을 하는 것이 인지상정입니다.

사람은 망각의 동물이라서 지식만 쌓아두고 적용을 하지 않으면 기억은 희미해지고 점차 사라집니다.

이번 단계에서는 커피로스팅에서의 가장 기초가 되는 팬로스팅의 사용법을 담았습니다.

가정에서 가장 많이 사용하며 개인카페에서도 사용하는 소형 로스터기(500g 이하)를 가스열원과 전기열원의 예를 들어 설명하였습니다.

상업용에 쓰이는 로스터기는 종류가 너무 다양하며 특성이 다양합니다. 열원, 방식, 크기, 재질, 구조, 배기 등의 로스터기 특성에 따라서 로스팅 방법과 프로파일이 달라집니다. 책의 한부분에 담기에는 그 범위가 너무 넓습니다.

상업용 로스팅에서는 열풍로스터기, 반 열풍로스터기, 복사열로스터기의 특성을 설명하였습니다.

저는 첫 로스터기를 반년 정도 사용하였습니다. 책과 인터넷의 여러 정보를 가지고 독학으로 로스팅 하였습니다. 원하는 향미를 만들기에는 부족했지만 첫 로스터기에서 많은 것을 얻을 수 있었습니다.

두 번째로 사용하게 된 로스터기는 첫 로스터기 보다는 사용하기 힘들었지만 원하는 향미에 다가갈 수 있었습니다. 회전과 드럼의 특성과 하우징 등의 여러 가지 로스팅의 원리를 이해하는 부분에서 많은 도움이 되었습니다.

카페를 하며 사람들과의 소통을 통해서 주관적인 로스팅에서 객관적인 로스팅으로 바뀌어 갔습니다. 커피로스팅의 원리가 서서히 체계가 잡히기 시작하고 로스팅 교육으로도 이어졌습니다.

현재 주로 사용하는 상업용 로스터기로 계절이 바뀔 때마다 다양한 생두를 접할 때마다 커피로스팅의 원리들이 쌓였으며 지금 이렇게 독자분들에게 전하고 있는 것입니다.

이 글을 읽으시는 독자분들은 어떤 로스터기를 사용하시던지 괜찮으나 이왕이면 팬로스팅부터 시작하거나 안 해 보셨다면 꼭 해 보시길 권유합니다.

왜냐하면 커피로스팅에 가장 많이 쓰이는 전도열(축열)과 커피 생두의 변화 등을 관찰하기에는 팬로스팅 만한 것이 없기 때문입니다.

커피로스팅에서의 열, 로스터기, 생두의 특성을 이해하고 프로파일을 만들어서 커피향미에 영향을 주는 변수의 원인들을 분석하고 발전시켜 나가면 어느 순간 로스팅전문가가 되어 있는 자신을 볼 수 있습니다.

재능보다 중요한 것이 '노력'이고 노력이 쌓이면 '기술'이 되고 기술에 노력이 더하여 지면 '결과'를 낳습니다.

1. 실전 팬로스팅

팬로스팅을 굳이 배워야 하나?

팬로스팅은 한마디로 전도열, '축열 로스팅' 입니다.

역사적으로도 가장 오래 되었으며 모든 로스팅에서의 기준이 되며 커피생두의 원산지에서는 지금도 많이 사용하고 있는 커피로스팅 도구입니다.

중식당에서 요리사가 팬을 달구는 모습을 본 적이 있으신가요? 팬을 달구는 이유가 무엇인지 독자분들은 아시나요?

재료가 가지는 특성의 식감을 살리기 위해서 팬을 높은 온도로 예열합니다. 일명 육즙을 가두기 위해서 높은 온도가 필요합니다.

커피로스팅에서도 팬이나 로스터기 드럼을 높은 온도로 예열하고 커피생두를 투입합니다.

예열을 한다는 것은 팬에 열을 가득 담는 것입니다. 한마디로 축열을 합니다. 예열을 하는 이유는 많겠지만 시간을 단축시켜 주기 위함이 가장 큰 이유가 됩니다. 커피로스팅의 전체시간이 길어질수록 텁텁하고 밋밋한 커피원두가 될 수 있습니다.

팬로스팅은 예열을 하는 것이 절반이라 말할 수 있습니다. 하지만 몇 도의 온도까지 예열해야 하는지는 모를 수 있습니다. 대부분의 팬은 온도계가 없기 때문에 온도를 측정할 수 있는 적외선온도계를 준비한다면 커피로스팅을 하는데 도움이 됩니다.

만약 온도를 측정할 수 없거나 적외선 온도계가 준비 되지 않았다면 예열 없이 커피생두를 팬에 담고 시작하셔도 됩니다.

그렇지만 온도를 측정할 수 있는 장비를 꼭 준비하길 권유합니다. 커피로스팅 초창기부터 생두의 온도 변화를 측정하고 프로파일을 작성하여 원인분석을 하면 종류가 다른 로스터기를 사용하더라도 많은 도움이 될 것입니다.

독자분들에게 물어보겠습니다.

커피로스팅을 시작할 준비가 되셨나요?

커피로스팅을 한번도 해본 적이 없어도 걱정하지 마시길 바랍니다.

준비가 안 되었다면 이제부터 하나씩 준비하면 됩니다.

◖ 준비물 ◗

1. 팬(옆 높이가 높은 팬)
2. 나무주걱
3. 가스버너 및 부탄가스
4. 적외선온도계
5. 선풍기와 채망 또는 쿨링기
6. 면장갑
7. 타이머
8. 프로파일 일지

그 외에 필요한 것은 강한 '팔의 힘'입니다.

팬로스팅은 가스불꽃의 뜨거운 열이 금속 속성의 팬으로 이동하고 팬으로 이동한 열은 팬 안에 담겨진 커피생두로 이동하게 됩니다.

좀 더 과학적으로 설명한다면 열원에서 나온 열이 금속성 팬으로 이동하여 쌓이게 되고 쌓인 열은 열 속성에 의해서 팬보다 온도가 낮은 생두로 이동합니다.

여기까지는 요리와 비슷할 겁니다. 이제부터 팬로스팅에서 가장 중요한 부분을 말씀드리겠습니다.

입문단계 로스터기의 특성에서는 회전과 교반이 커피원두의 균일성과 향미 발현에 영향을 준다는 것을 설명해 드렸습니다.

그러나 팬로스팅은 회전하는 드럼이 아니기에 교반을 직접 해주어야 합니다. 사실 이 부분이 팬로스팅에서 가장 큰 변수로 작용합니다.

팬로스팅에서 교반에 필요한 것은 두 가지가 있습니다.

첫째는 나무주걱을 이용한 교반이며 둘째는 팬을 들어서 흔들어주는 교반입니다.

팬로스팅은 커피생두를 나무주걱으로 열심히 저어주거나 팬을 흔들어주며 교반하는 두 가지 방식으로 진행합니다.

가스불꽃의 뜨거운 열이 팬에 쌓이게 되고 쌓이는 열은 생두로 이동하게 됩니다. 얼마나 열심히 저어주느냐 또는 흔들어 주느냐가 커피원두의 향미생성을 좌우합니다. 팬의 축열이 커피생두에 고르게 전달이 되도록 교반을 해 주느냐에 따라서 커피원두의 향미는 달라집니다.

여기에서 한 가지 주의할 점이 있습니다.

가스불꽃에서 너무 높은 위치에서 팬을 흔들면 열손실이 발생하게 되어 로스팅 시간이 길어집니다. 또한 열량을 너무 강하게 하면 생두 표면이 탈 수 있습니다. 중간화력으로 시작하길 권유합니다.

팬로스팅은 두께가 두꺼울수록 축열로스팅에 유리합니다. 나무주걱을 사용하는 교반은 팬의 높이가 높아야 하며 흔들어 주는 교반은 팬이 가벼워야 합니다.

팬의 높이가 높을수록 교반하기에는 편리합니다. 높이가 낮을수록 커피생두를 빠르게 저으면 팬 안에서 벗어나려고 합니다. 열심히 흔들 때에도 높이가 낮으면 팬 안의 커피생두는 빠져 나가려고 합니다.

또한 팬은 면적이 넓어서 열원의 효율이 좋아야 합니다.

커피생두가 이탈되어 빠져나가지 않는 높이와 열효율이 좋은 넓이와 가벼운 팬이 커피로스팅에 가장 적합합니다.

높은 팬	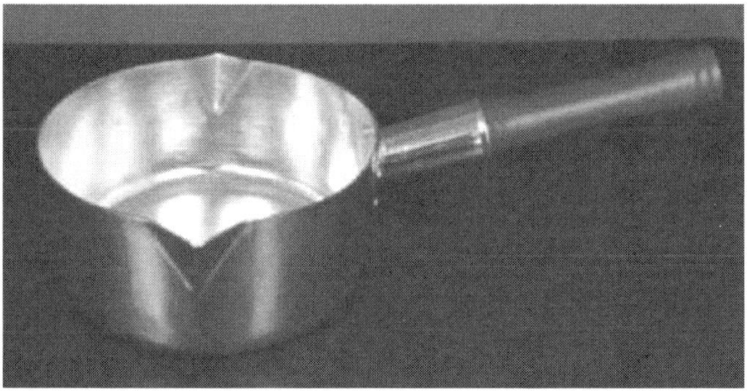
낮은 팬	

그림 8 팬로스팅 예

◖ 팬로스팅 실습 ◗

팬로스팅 시작할 준비가 되었다면 필히 먼저 장갑을 낀 후에 팬을 가열 시킵니다. 안전을 위해 꼭 장갑을 끼시길 바랍니다. 안전이 최우선임을 항상 명심해야 합니다.

적외선온도계로 온도를 체크하며 팬의 온도가 약 180℃에 생두를 투입 합니다. 온도계가 없다면 예열 과정을 생략하고 생두를 팬에 담고 바로 커피로스팅을 시작합니다.

이때 가장 중요한 것은 '생두의 교반'인 것을 명심해야 합니다. 생두를 투입한 순간부터 계속해서 나무주걱으로 저어주거나 팬을 흔들어 주어야 됩니다.

대략 120℃가 지난 후부터 비릿한 냄새가 올라오고 150℃가 되면 커피생두의 색이 변하게 됩니다. 흔히 콩 볶을 때에 나는 향들이 올라오기 시작합니다.

커피생두의 온도가 올라 갈수록 수분은 계속해서 빠져 나갑니다. 커피생두의 색은 노란색으로 그리고 갈색으로 짙어지며 달콤한 향들이 나기 시작합니다.

약 190℃ 정도가 되었을 때 '따딱~'하는 팝콘 터지는 듯한 소리가 나기 시작하고 1차 크랙이 시작됩니다.

축열(전도열)로스팅은 화력을 너무 강하게 주면 순식간에 1차 크랙을 지나 2차 크랙까지 도달하게 됩니다. 디벨롭 구간이 빠르게 진행되어 생두표면이 타버릴 수 있습니다. 그러므로 1차 팝핑 소리가 날 때 커피생두의 겉과 속이 균일하게 로스팅 되도록 화력을 절반가량 낮추어야 합니다.

생두의 특성에 따라서 1차 크랙이 끝나는 지점부터 2차 크랙 전까지 배출 포인트에 맞추어서 교반을 멈추고 뜨거운 커피원두를 채반이나 쿨링기에 옮겨서 식혀주어야 합니다. 이때에도 나무주걱으로 저어주며 식혀주면 커피원두의 향미를 오래 보존할 수 있습니다.

이때 꼭 주의해야 할 것은 원두의 온도는 200℃가 넘어가기 때문에 화상에 주의해야 합니다. 필히 장갑을 착용한 상태로 로스팅을 진행하고 마지막까지 안전하게 진행해야 됩니다.

◖ 로스팅 요약 ◗

1. 생두 100g 준비
2. 팬 예열 180℃ / 가스화력 중불
3. 생두투입(타이머시작) 나무주걱 교반이나 팬 흔들어줌
4. 9~10분 1차 크랙(팝핑) 시작 / 가스화력 중약불
5. 팝핑 소리 약 2분간 이어짐
6. 11~12분 배출 / 채반이나 쿨링기에 식혀줌
   (1차 크랙(팝핑)이 끝난 후 휴지기 30초에 배출)

팬로스팅 프로파일의 예

팬 로스팅 프로파일(Roasting Profile)

일 시	2023년 4월 22일 토요일	기온 / 습도	20 / 25
원산지/지역	에티오피아 아리차 예이미	건조방식	워시드

예 열 온 도	180	투입량(g)	100	배출량(g)	86	수율(%)	86	총열량	72

시간(분)	0	1	2	3	4	5	6	7	8	9	10	11	12	13	14	15	16	17	18	19
온 도(℃)	180	89	85	94	107	120	134	146	160	174	190	202	208							
화 력	6	6	6	6	6	6	6	6	6	6	6	3	3							
뎀 퍼	0	0	0	0	0	0	0	0	0	0	0	0	0							
1차팝 / 2차팝											1팝		배출							
메 모																				

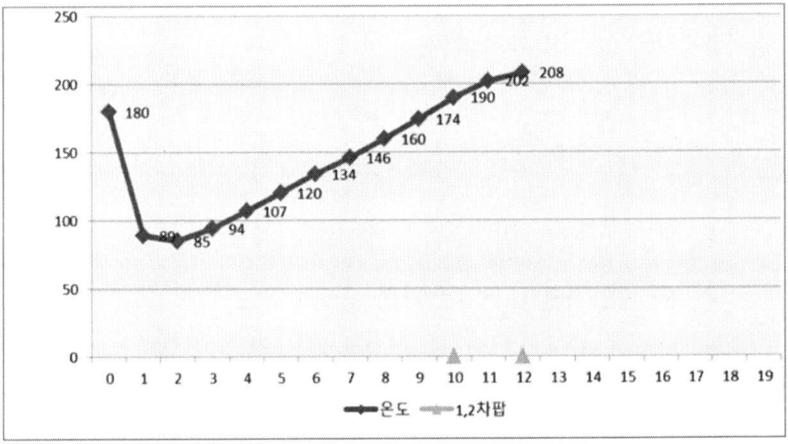

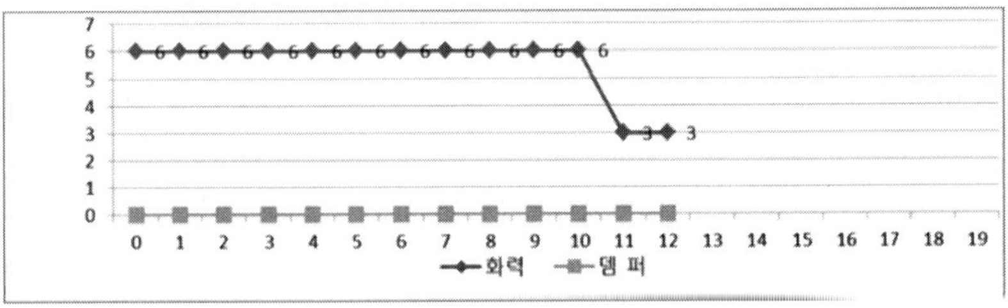

2. 실전 소형 및 홈로스팅

지금까지 오시느라 수고하셨습니다. 이제 절반 이상은 온 것입니다. 팬로스팅 까지는 준비 단계였으며 이제부터 전문적인 커피로스팅이 시작 됩니다.

커피로스팅 전문가로 가는 첫 걸음을 시작합니다.

소형 로스터기는 정확한 뜻은 없습니다. 저는 500g 용량 이하를 소형 로스터기라 말하고 있습니다. 가정에서나 개인 카페에서 사용하기에 편리한 용량의 로스터기로 누구나 쉽게 접근할 수 있기 때문입니다.

소형 로스터기는 두 가지로 분류할 수 있습니다.

'가스를 열원'으로 사용하는 로스터기와 '전기를 열원'으로 사용하는 로스터기가 있습니다.

소형 로스터기의 장점으로는 온도를 측정할 수 있는 장치가 달려있으며 교반이 자동으로 되도록 모터나 장치가 달려 있습니다. 로스터기마다 다르겠지만 아날로그 온도계 및 디지털 온도계가 달려 있습니다. 커피생두의 투입과 배출이 대체적으로 편리하게 되어 있습니다.

'가스열원'을 사용하는 소형 로스터기는 상업용 로스터기(1kg 이상)에 비해서 크기를 작게 만든 로스터기입니다. 소형 로스터기는 열풍의 비율이 소량이거나 대체적으로 없는 것이 특징입니다. 내부에 가스버너가 없는 로스터기들은 소형 로스터기라 생각하시면 됩니다. 소형 로스터기의 대부분은 가스버너를 별도로 구매하여 사용해야 합니다.

'전기열원'을 사용하는 소형 로스터기는 전기히터를 열원으로 사용하는 로스터기와 할로겐 램프를 열원으로 사용하는 로스터기가 있습니다. 로스터기 내부에 전기히터 또는 할로겐 램프가 열원장치로 달려 있어서 가스열원을 사용하는 소형 로스터기에 비해서 편리합니다.

소형 로스터기의 특성으로는 배기장치가 대부분 달려 있지 않습니다. 드럼내부의 열린 공간을 통해서 자동으로 빠져나가는 구조로 되어 있습니다.

전기 로스터기의 경우에는 쿨러와 세트로 판매되는 경우가 많습니다. 가스열원 소형 로스터기는 쿨러가 포함되어 있는 경우도 있으나 대부분 없다고 보시면 됩니다. 판매처에서 구매를 하거나 별도로 구입을 하셔야 합니다.

본 단계에서는 소형 로스터기에 많이 사용되는 500g 가스열원 전도열 로스터기와 전기열원 복사열 로스터기를 예를 들어 설명하겠습니다.

소형 로스터기의 생두투입량은 로스터기 제조사에서 권장하는 투입량을 사용하시길 권합니다.

저는 평균 60% 정도의 생두를 투입하여 로스팅 하고 있습니다. 왜냐하면 로스터기 드럼의 크기와 회전속도와 교반작용에 따른 투입량입니다. 생두의 투입량이 늘어나게 되면 로스팅의 전체 시간도 늘어나게 되고 커피원두의 향미에도 영향을 주기 때문입니다.

이제 본격적으로 커피로스팅 프로파일 일지를 작성할 시간이 되었습니다.

프로파일 일지는 준비가 되었나요?

아직 안되었다면 빈 노트를 준비하셔도 됩니다.

프로파일 일지에는 날짜 기온 생두종류 투입량 예열온도를 작성합니다. 분당(30초 마다 기록) 상승 온도를 기입하고 배출 후에는 원두 무게와 손실률을 기록합니다.

프로파일 일지 작성이 기억나지 않으시면 입문단계의 프로파일 작성방법으로 돌아가셔서 작성요령을 보고 오시길 바랍니다.

가. 가스열원 소형 로스터기 로스팅

◖ 준비물 ◗

1. 가스열원 500g 이하 로스터기
2. 쿨러
3. 가스버너 및 부탄가스
4. 프로파일 일지
5. 장갑
6. 타이머
7. 커피생두

500g이하 가스열원 축열 로스터기가 준비가 되었나요?

가스열원을 사용하는 로스터기의 드럼에는 '유리드럼'과 '금속드럼'을 주로 사용하고 있습니다. 두 가지 종류 중에서 본인이 사용하기에 편리한 것을 선택하시면 됩니다.

사용할 장소로는 배기를 원활하게 할 수 있는 곳을 택하여야 합니다.

먼저 본인 로스터기의 드럼 두께와 회전속도를 확인하여 주시길 바랍니다. 축열로스팅에서의 특징은 드럼 두께와 회전 속도로 투입량이 결정되기 때문입니다.

◖ 가스열원 소형 로스팅 실습 ◗

첫 번째, 예열 구간

예열은 드럼재질과 하우징에 따라서 달라집니다. 소형 로스터기는 하우징이 있는 것과 없는 것이 있습니다. 이는 축열이 달라지는 원인이 됩니다.

보통 로스터기 제작사에서 권하는 예열온도로 하시면 됩니다. 약 160℃~200℃ 사이입니다. 생두의 투입량이 정해졌으면 예열을 시작합니다.

예) 500g 로스터기 ➜ 커피생두 300g투입 예열 180℃

두 번째, TP(터닝포인트) 구간

예열 온도에 생두를 투입합니다. 생두 투입 후 드럼에 축적된 열이 생두로 이동하며 드럼과 생두는 열평형 상태가 됩니다. 드럼의 재질과 두께, 회전속도에 따라 달라지며 보통 1~2분 사이에 열평형 상태가 됩니다. 금속드럼이 유리드럼보다 전도율이 높아서 열평형 시간이 짧고 유리드럼이 좀 더 길어집니다.

세 번째, 건조(드라이) 구간

열평형 이후에 생두의 온도는 빠르게 상승합니다. 건조구간 초반에는 분당 15℃~20℃ 정도로 온도가 상승하기도 합니다. 생두의 수분은 100℃를 넘어서면 기화되기 시작하고 생두 바깥으로 빠져나갑니다. 드럼내부는 생두에서 빠져나오는 증기로 인하여 압력이 높아지고 온도가 빠르게 상승하게 됩니다. 생두는 드럼에서 이동되는 열로 인하여 지속적으로 온도가 올라가며 수분은 계속해서 기화되어 빠져나갑니다. 생두내의 수분이 일정량 빠져나가기 시작하면 서서히 화학변화가 일어나게 됩니다. 생두의 특성마다 기화되어 날아가는 시간이 다르며 소형 가스열원 로스터기는 약 3~6분의 시간이 소요됩니다.

네 번째, 갈변화 구간

생두의 온도가 상승하면서 생두내의 커피성분들은 화학변화가 일어납니다. 수분이 빠져나간 곳에는 가스가 차기 시작하며 생두의 색은 그린에서 옐로우로 변하기 시작하고 시간이 지나면서 갈색으로 변하게 됩니다.

수분이 빠지면서 크기가 줄어들었던 생두는 가스가 차면서 점점 부풀어 오르게 됩니다. 이때부터 커피가 가지고 있는 특유의 향들이 나기 시작합니다. 로스터기의 특성과 생두의 특성으로 약 3~5분 정도의 시간이 소요됩니다.

다섯 번째, 디벨롭 구간

향미가 빠르게 생성되며 발전되고 바뀌는 구간입니다. 가스가 가득 들어차 있는 생두내부는 압력을 이기지 못하고 갈라지며 1차 크랙이 발생하고 팝콘 터지는 소리가 납니다. 이때부터 먹을 수 있는 커피원두가 만들어지기 시작하며 배출 준비를 해야 합니다.

1차 크랙은 약 1~2분 정도 진행이 됩니다.(로스터기 특성마다 1차 크랙의 시간은 다릅니다.) 1차 크랙 시간이 2분간 진행 된다는 것은 드럼내의 모든 생두가 커피원두로 변하는 시간이 2분이라는 것을 뜻합니다. 열원과 로스터기의 특성 그리고 생두 특성에 따라서 디벨롭 구간의 시간이 달라집니다. 보통 1차 크랙 절정에서부터 2차 크랙 전후구간에 커피원두를 배출합니다.

열이 생두로 계속 투입될수록 색은 짙어지고 향미 또한 짙어지게 됩니다. 커피의 향미는 산미, 단 맛, 고소한 맛, 쓴 맛, 바디감

순으로 바뀌게 됩니다.

로스터기와 생두의 특성에 따라서 열량조절을 하지 않으면 1차 크랙과 2차 크랙이 함께 오기도 합니다. 즉 온도상승이 급격하게 높을 때 일어납니다. 로스터기의 축열이 어느 정도인지를 아는 것이 매우 중요합니다.

배출하는 시점을 5개의 발현 지점으로 나누어서 배출합니다. 모든 생두가 커피원두로 바뀌는 시점부터 2차 크랙 전까지 '약, 약중, 중, 중강, 강'의 5개 발현 지점으로 나눕니다.

약으로 갈수록 산미가 높고 강으로 갈수록 쓴 맛과 바디감이 높아지게 됩니다.

◖ 로스팅 요약 ◗

1. 생두 300g 준비
2. 로스터기 예열 180~200℃ / 가스화력 중
3. 생두투입(타이머시작)
4. 1~2분 TP(터닝포인트) / 가스화력 중강
5. 3~6분 건조 구간 / 가스화력 중
6. 3~5분 갈변화 구간 / 가스화력 중
7. 1~3분 1차 크랙(팝핑) 시작 / 가스화력 약중
8. 총 9~11분 배출 / 배출포인트 중(단 맛)

나. 전기열원 소형 복사열 로스터기 로스팅

◖ 준비물 ◗

1. 전기열원 복사열 500g 이하 로스터기
2. 쿨러
3. 멀티탭
4. 프로파일 일지
5. 장갑
6. 타이머
7. 커피생두

복사열을 사용하는 소형 로스터기는 대부분이 할로겐 램프를 사용합니다. 할로겐 램프에서는 두 종류의 적외선이 발생하는데 원적외선은 파장이 길고 근적외선은 파장이 짧아서 생두의 겉면과 내부까지 분자를 진동시켜 열을 발생시킵니다.

소형 복사열 로스터기는 유리드럼을 대부분 사용합니다. 적외선이 통과할 수 있는 구멍이 뚫려있는 금속드럼을 사용하기도 합니다.

원적외선은 파장이 길어서 유리드럼에 열이 발생하며 근적외선은 파장이 짧아서 생두에 열이 발생합니다. 그렇기에 할로겐 램프를 열원으로 사용하는 로스터기는 복사열 + 전도열 로스팅이라 할 수 있습니다.

복사열 로스팅의 특징은 생두의 겉과 속이 균일하게 로스팅 된다는 장점이 있습니다. 또한 복사열 로스팅은 깊은 맛이 나는 장점이 있습니다. 정확한 원인은 아직 밝혀지지 않았으나 가스의 강한 화력이 아닌 복사열의 은은한 화력 때문이 아닐까 생각합니다.

복사열 로스터기는 예열 온도를 가스열원에 비해서 낮게 잡습니다. 왜냐하면 드럼의 온도가 높을수록 전도열(축열) 비중이 높아지기 때문입니다. 예열온도가 낮을수록 복사열 비중이 높아집니다. 대략 150℃ 전후의 예열 온도로 로스팅을 시작하게 됩니다.

복사열 로스터기는 강한 화력보다는 전체로스팅 평균 분당 10℃ 정도 올라가는 화력을 사용해야 합니다.

◖ 전기열원 소형 복사열 로스팅 실습 ◗

첫 번째, 예열 구간

드럼의 온도를 약 150℃ 정도로 예열합니다. 전도열 보다는 복사열 비중을 올려야 하기 때문에 가스열원 로스터기보다 낮게 잡아야 됩니다.

유리드럼의 장점 중 하나는 예열 시간을 3~4분 내로 짧게 하는 것입니다. 금속 드럼의 예열에 비해서 시간적인 부분이 많이 절약이 됩니다.

두 번째, TP(터닝포인트) 구간

커피생두를 투입 후 복사열과 드럼의 축열에 의해서 생두의 온도는 상승하게 되며 시간이 흐를수록 열평형 상태가 됩니다. 복사열 유리드럼의 특성은 드럼의 회전속도에 따라서 TP가 오는 시간이 달라집니다. 회전속도가 30rpm에서는 대략 1분30초 정도에 열평형 상태가 됩니다. 열평형 상태는 로스터기 특성에 따라 달라집니다.

세 번째, 건조(드라이) 구간

복사열 로스팅의 장점을 뽑는다면 일정한 온도 상승입니다. 강한 화력보다는 은은한 화력을 유지해야 합니다. 전체 평균 분당 10℃ 상승이 되는 화력을 유지해야 합니다.

그러나 건조구간에서는 생두의 수분함량이 많기 때문에 분당 11~12℃온도가 상승하게 됩니다. 복사열은 직화열이기에 강한 화력보다는 안정적인 열량을 유지해 주어야 합니다.

네 번째, 갈변화 구간

전체 평균 분당 10℃의 온도로 상승하는 열량을 유지하게 되면 7분 전후에 생두의 온도는 150℃가 됩니다. 생두내의 수분량은 계속해서 낮아지고 화학변화가 일어납니다. 낮아진 수분으로 같은 열량을 유지 하더라도 분당 9~10℃ 사이로 온도가 상승하게 됩니다.

워시드 계열의 생두는 안정적인 온도상승으로 이어지나 내츄럴 계열의 생두는 1차 크랙 시점부터 온도가 급상승할 수 있으므로 미리 화력을 낮추어 주어야 합니다. 아니면 1차 크랙과 2차 크랙이 함께 진행됩니다.

다섯 번째, 디벨롭 구간

수분함량이 높은 워시드 계열의 생두는 건조 구간과 갈변화 구간에서 화력을 일정하게 유지하며 디벨롭 구간을 진행합니다. 수분함량이 높은 생두일수록 화력을 유지하고 낮은 생두일수록 화력을 조금씩 낮추어 줍니다.

복사열 로스팅의 특성은 다른 열원의 로스팅보다도 디벨롭 구간의 시간이 긴 편입니다. 가스열원 축열 로스팅의 디벨롭 구간이 1~2분 정도라면 복사열 로스팅은 2~3분 사이가 됩니다. 복사열 로스팅은 1차 크랙이 끝나는 지점부터 2차 크랙 전후가 배출 포인트가 됩니다.

팝핑 소리가 없는 휴지기가 배출포인트가 되며 '약, 약중, 중, 중강, 강'의 5개 발현 지점으로 나누어 배출해 줍니다. 약으로 갈수록 산미가 높고 강으로 갈수록 쓴 맛과 바디감이 높아지게 됩니다.
(위의 수치들은 절대 수치가 아님을 안내 드립니다.)

◖ 로스팅 요약 ◗

1. 생두 300g 준비
2. 로스터기 예열 150℃ / 화력 중상
3. 생두투입(타이머시작)
4. 1분 30초 TP(터닝포인트) / 중상
5. 5~6분 건조 구간 / 중상
6. 4~5분 갈변화 구간 / 중상
7. 2~3분 1차 크랙(팝핑) 시작 / 중
8. 총 12분~13분 배출

3. 상업용 로스팅의 특성

로스터기의 종류는 왜이리 많은 걸까?

커피로스팅은 크게 2가지 분류로 나눌 수 있습니다.

개인의 목적으로 하는 로스팅과 상업적인 것을 목적으로 하는 로스팅이 있습니다. 소형 로스터기는 개인이 쓰는 것과 나눔을 위한 목적에 사용되며 상업용 로스터기는 커피 판매 및 커피원두 등의 판매 목적에 사용됩니다.

상업용에서 사용되는 로스터기 종류는 3가지로 분류할 수 있습니다.

'열풍 로스터기, 반 열풍 로스터기, 복사열 로스터기'

상업용 로스터기는 개인 카페에서도 많이 사용하며 로스터기의 용량이 커질수록 커피원두 납품용으로 사용되고 있습니다. 커피원두의 향미 발현과 균일성이 좋은 것이 가장 큰 장점입니다.

상업용 로스터기는 최고용량의 약 70~80% 정도의 생두를 투입하기를 권장하고 있습니다. 로스터기의 드럼크기와 열원마다 차이는 있겠지만 드럼의 크기에 비례하여 최고용량을 잡습니다. 로스터기의 최고용량에 맞추어서 생두를 투입하기 보다는 커피원두의 향미를 최고로 발현하기 위해서는 80% 이하로 투입을 권장합니다.

'상업용 로스팅의 특성'에서는 1~2kg 용량의 로스터기를 예를 들어 설명하겠습니다.

상업용 로스터기는 종류가 너무도 다양하여 3가지 로스터기 특성과 변수에 대해서 설명하도록 하겠습니다.

상업용 로스터기의 특성은 계속해서 디벨롭 단계에서도 설명이 이어질 예정입니다. 커피로스팅의 핵심은 디벨롭 구간이며 원두의 향미가 결정되기에 지속적으로 이어서 설명할 예정입니다.

가. 열풍 로스터기 로스팅

전도열과 대류열의 비율 중에서 열풍의 비율이 70~80% 이상인 로스터기를 의미 합니다. 가스열원으로 뜨거워진 공기가 생두에 직접 전해지는 방식의 로스터기입니다.

뜨거운 공기가 생두 전체를 감싸기 때문에 열효율이 가장 좋은 로스터기입니다. 그만큼 가스열원장치인 버너가 뒷받침 해주어야 열효율이 좋아집니다. 전체 로스팅 시간이 가장 짧아서 원두의 향미를 최고로 발현할 수 있는 것이 열풍로스터기의 최고 장점입니다.

평균 7분 전후로 6~8분의 단시간 로스팅이 가능합니다. 원두향미의 균일도가 상당히 높은 로스팅 입니다.

커피로스팅은 시간이 짧을수록 커피생두가 가지고 있는 커피성분을 최고치로 발현할 수 있는 장점이 있습니다. 예를 들어서 오렌지의 산미와 슈가의 단 맛을 살리는 로스팅을 한다면 디벨롭 구간의 시간을 짧게 할수록 산미와 단 맛이 높아지게 됩니다.

열풍 로스터기는 전체 로스팅 시간이 다른 로스터기에 비해서 가장 짧게 진행할 수 있는 로스터기이기에 커피생두가 가지고 있는 특성을 살리는데 가장 적합한 로스터기라 할 수 있습니다. 굳이 단점을 꼽는다면 가격대가 다른 로스터기에 비해서 높다는 것입니다.

나. 반 열풍 로스터기 로스팅

개인 카페에서 가장 많이 사용하는 로스터기입니다.

'반 열풍 로스터기'는 대부분이 가스를 열원으로 사용하며 '축열 + 대류열'의 2가지 열을 사용합니다. 대부분의 반 열풍 로스터기는 축열의 비율이 대류열 보다 높습니다. 축열의 비율이 상대적으로 높다 보니 드럼의 두께와 회전속도 그리고 교반장치에 따라서 커피향미 발현에 영향을 주게 됩니다.

축열 드럼 방식의 로스터기는 드럼의 두께가 두꺼울수록 효율이 좋아 집니다. 그러나 두께가 두꺼울수록 열량을 조절하였을 때에 반응속도 또한 느리게 전달될 수 있습니다. 드럼의 무게가 무거워지기에 회전모터나 로스터기의 전체 크기에도 영향을 주게 됩니다. 드럼의 두께가 두꺼울수록 안정적인 열 공급으로 이어지기에 반 열풍 로스터기의 가장 큰 장점이 됩니다.

반 열풍 로스터기는 드럼의 두께에 따라서 약 180~220℃ 사이의 온도로 예열을 합니다. 열풍이나 반 열풍 로스터기는 드럼의 두께들이 두꺼운 편이기에 40~60분 정도로 예열을 하게 됩니다. 예열을 오래하는 데에는 여러 가지 이유가 있습니다. 연속 배치의 편차를 줄이고 드럼을 수명을 늘이기 위해서입니다. 로스팅이 끝난 후에도 천천히 식혀 주어야 합니다.

전체 로스팅시간은 대략 9~11분 사이로 마무리 됩니다. 정확한 수치는 아니며 로스터기의 열원과 드럼의 두께와 회전속도에 따라서 달라지게 됩니다. 열풍 로스터기 보다는 축열 로스터기의 전체 로스팅시간이 조금 더 긴 편입니다.

로스팅시간이 늘어난다는 것은 커피원두의 향미의 변화로 이어진다는 것입니다. 전체 로스팅 시간이 길어진다는 것은 디벨롭 구간의 시간 또한 길어지며 커피생두가 가지는 향미의 폭이 넓어지게 됩니다.

예를 든다면 오렌지의 산미와 슈가의 단 맛이 좋은 생두의 특성을 살리기 위해선 디벨롭 구간이 짧아야 합니다. 여기에 고소한 맛과 바디감까지 추가된다면 복합적인 향미를 가진 커피원두가 됩니다.

축열 로스팅의 특징이 부드러운 산미에 단 맛이 좋고 바디감이 좋은 것이 반 열풍 로스터기의 장점입니다.

다. 복사열 로스터기 로스팅

상업용에서 사용하는 복사열 로스터기는 고정형 방식의 드럼을 많이 사용하며 일부 회전형 드럼을 사용하는 로스터기도 있습니다.

고정형 방식의 드럼 내부에는 회전형 날이 있어서 생두의 교반을 담당하고 있습니다. 드럼의 상부에는 할로겐 램프가 달려 있으며 할로겐의 적외선이 생두의 분자를 진동시켜서 열을 발생합니다. 할로겐 램프의 종류에 따라서 전도열이 함께 나오기에 전도열+복사열을 사용하는 로스터기라고 할 수 있습니다. 어느 특정한 로스터기는 열풍, 복사열, 전도열의 3가지 열원을 사용하는데 이는 다양한 커피향미를 발현하는데 유리합니다.

복사열을 이용한 로스터기는 열풍, 반 열풍 방식의 로스터기보다 원두의 깊은 향미가 좋다고 이야기들을 많이 합니다. 복사열이 커피생두의 겉과 속으로 동시에 영향을 주기 때문입니다.

향미의 폭은 다른 로스터기보다도 넓은 것이 장점이자 단점이 되기도 합니다. 로스팅시간은 약 11~13분이 걸리는데 이는 디벨롭 구간의 시간이 길어진다는 것을 의미합니다. 디벨롭 구간의 시간이 길어지는 것은 커피원두의 향미 폭이 넓어진다는 뜻이기도 합니다.

예를 든다면 오렌지의 산미와 슈가의 단 맛이 좋은 생두이지만 디벨롭 구간이 넓어짐에 따라 부드러운 산미와 단 맛과 고소한 맛, 쓴 맛 등이 다양하게 포함됩니다. 이는 복사열 로스터기의 장점이자 단점이 되기도 합니다.

이상으로 상업용 로스팅의 특성은 마치겠습니다. 계속해서 로스팅 몰입 단계에서 커피로스팅의 원리이자 핵심이라 할 수 있는 디벨롭에 대하여 자세히 설명을 드리겠습니다.

Story 6

커피로스팅 변화-몰입단계

(커피로스팅에 빠지다)

1. 미각이여 깨어나라
2. 커피로스팅 손실률
3. 디벨롭 구간 커피로스팅
4. 디벨롭 시크릿 첫 번째
5. 디벨롭 시크릿 두 번째
6. 디벨롭 시크릿 세 번째

Story 6

커피로스팅을 하는데 몰입까지 필요할까?

독자분들은 '각인'이란 말의 뜻을 아시나요?

사전에서 뜻을 찾아보니 '머릿속에 새겨 넣듯 깊이 기억 되는것'이라고 나와 있습니다.

각인이란 말은 생각하기에 조금 딱딱한 느낌이 들어서 커피로스팅에서의 다른 말로 이야기 해보겠습니다.

'지금까지 배운 커피로스팅 원리들을 본인의 생각(의식)과 몸에 잊혀지지 않도록 습관화 시키는 것'

독자분들에게 권면합니다. 커피로스팅에 빠지길 바랍니다. 빠져든다는 것이 어렵다면 다르게 이야기 하겠습니다. 본인의 잠재의식 중에 하나를 깨우시길 바랍니다.

본인의 잠재의식 하나를 깨운다는 것은 '커피로스팅 원리'라고 하는 싹을 심는 것이라 할 수 있습니다.

커피로스팅에 빠진다는 것은 잠재의식을 깨운다고 하는 것은 생각의 습관화를 한다는 것입니다. 습관이란 물과 영양분을 주어 '커피로스팅 원리'라는 나무로 자라게 합니다. 이제 '향미 가득한 원두'라는 열매를 맺기 위하여 나아가면 됩니다.

그렇다면 잠재의식을 깨운다는 것은 어떻게 해야 할까요?

본인의 잠재의식을 깨우는 것은 어렵지 않다고 할 수도 있으며 쉽지 않다고도 할 수 있습니다.

아니 이 무슨 자다가 봉창 두드리는 소리냐고 하실 수 있습니다.

잠재의식을 깨우기 어렵다고 하는 것은 잠재의식 속으로 들어가 보지를 않았기에 어려운 겁니다. 또한 쉽다고 하는 것은 한번 들어가면 어렵지 않음을 알게 됩니다.

그러나 잠재의식 속에 한번을 들어가기 위해서는 단단히 정신을 집중해야 합니다.

이제부터 로스팅 하는 과정을 계속해서 생각하고 또 생각해야 합니다. 이를 '몰입'이라고 합니다.

몰입을 하기 위해서는 다른 생각들을 머릿속에서 지우고 오직 커피로스팅 프로파일만을 계속 생각해야 합니다.

'커피로스팅 원리'에서 특성과 변수들은 눈에 보이지가 않습니다. 보이지 않는 것을 보기 위해서는 한 가지 방법 밖에는 없습니다. 생각하고 또 생각하고 계속해서 생각해야 합니다. 그러면 잠재되어 있는 의식이 깨어나게 됩니다.

눈을 뜨면 보이지 않던 것들이 눈을 감고 조용한 가운데 집중하고 생각하면 보이기 시작합니다. 로스팅을 시작하기 전에 커피로스팅 프로파일을 생각하고 원두의 향미를 생각하고 로스팅이 끝난 후에 눈을 감고 생각하시길 바랍니다. 로스팅 프로파일에 몰입하시길 바랍니다.

몰입 단계에서는 손실률과 디벨롭 구간의 핵심적인 부분을 담았습니다.

저는 독학으로 커피로스팅을 시작하며 프로파일을 만들고 지속적으로 생각을 하였습니다. 막힐 때 마다 생각하며 머릿속에 상상을 했습니다. 그리고 예상 프로파일을 만들고 생각하고 로스팅이 끝난 후에 향미를 분석하고 또 생각에 잠기는 일들이 계속적으로 반복이 되었습니다.

생각을 할수록 점점 빠져들게 되는 몰입 과정에서 저의 잠재의식 하나가 깨어났으며 자라나기 시작하였습니다. 어느 순간 '커피로스팅 원리'들이 보이기 시작하였습니다.

로스터기를 사용하는 방법이 아니었습니다. 로스터기의 보이지 않는 특성들이 눈에 들어오기 시작하였습니다. 로스터기 내에서 열이 어떻게 이동하는지 보이기 시작하였습니다. 커피생두가 자기의 특성이 무엇인지 저에게 이야기를 하기 시작하였습니다.

약간 비유적인 표현도 썼지만 커피로스팅 프로파일을 작성하며 생각하고 커피로스팅을 합니다. 또 생각하고 작성하고 생각하며 커피로스팅 하는 것을 반복하다 보면 저와 비슷한 일을 겪게 됩니다.

지금까지 잘 따라 오셨습니다.

그러나 지금부터 설명 드리는 것은 더욱 놀라운 비밀들이 감추어져 있습니다. 그 비밀들을 하나씩 풀어드리도록 하겠습니다.

1. 미각이여 깨어나라

나의 미각이 잠들어 있다? 깨워야 한다?

커피를 즐기고 싶거나 전문적으로 배우고 싶다면 첫 번째 해야 할 것은 본인의 미각을 깨워야 합니다. 커피를 마시는데 미각이 깨어있지 못하면 커피로스팅에서의 커피향미를 객관적으로 평가할 수 없습니다.

타고난 미각, 절대미각을 가지고 계신분이 아니라면 커피로스팅에서의 전문가가 되기 위해서는 제일 먼저 본인의 미각을 깨워야 합니다.

현시대는 커피향미를 분석하는 교육과정들이 많기에 쉽게 배울 수도 있습니다. 아니면 제가 했던 방법을 하시길 권유합니다. 6개월간 계속해서 커피를 마시면 깨어납니다.

사람마다 차이는 있겠지만 저는 오래 걸렸습니다. 사람에 따라 다를 것이며 한주에 3~4일 정도 커피를 한잔씩만 마셔도 두세 달 정도면 깨어납니다. 그렇다고 아무커피나 마시면 안 됩니다. 핸드드립으로 산미와 단 맛이 좋은 커피를 매일 마시면 분명히 깨어납니다.

사람은 살아오면서 한번쯤은 감기몸살에 걸렸던 기억은 다들 있으실 겁니다.

감기 몸살 걸리면 어떠한가요?

첫 번째로 밥맛이 사라져 버립니다. 이는 미각을 잃어버렸기 때문입니다. 미각을 잃어버리면 밥이 맛있는지 반찬이 맛있는지 구분을 할 수 없게 됩니다. 커피를 마셔도 맛이 있는지 없는지를 느끼지 못하게 됩니다.

미각은 살아오면서 몸의 상태에 따라서 잃어버리기도 하고 식습관에 따라서 예민하기도 둔해지기도 합니다.

커피의 특징이 와인과 비슷한 부분이 참 많습니다.

커피에는 바리스타가 있듯이 와인을 전문적으로 서비스 하는 사람을 '소믈리에'라고 부릅니다. 와인의 향미를 분석하는 것이 커피의 향미를 분석하는 것과 많은 부분이 비슷합니다.

어느 분야에서든지 향미를 분석하는 분야라면 미각이 깨어나 있어야 합니다.

커피로스팅에서의 절대적으로 필요한 것이 '미각'입니다.

물론 본인 외에 향미를 분석해 줄 사람들이 주변에 있다고 하여도 본인의 미각을 깨우고 발전시키는 것을 권면합니다. 커피로스팅을 발전시키기 위해서는 본인의 미각은 절대적으로 깨어 있어야 합니다.

또한 후각까지 깨어 있다면 금상첨화입니다.

후각과 미각은 연결되어 있습니다. 커피향도 매일매일 맡다 보면 후각이 발전하게 됩니다. 향미 좋은 커피를 매일매일 마시다 보면 미각과 후각이 계속해서 발전할 것입니다. 커피로스팅이 끝난 후 원두의 향을 맡습니다. 커피를 내리기전 분쇄할 때의 향을 맡습니다.

산미와 단 맛이 좋은 커피를 자주 마시다보면 미각은 무조건 깨어나게 되어 있습니다.

커피로스팅의 발전이 필요 없다고 하신다면 어쩔 수 없지만 발전을 하고 싶으시다면 꼭 깨우시길 바랍니다.

본인의 잠들어 있는 미각을~.

2. 커피로스팅 손실률

커피로스팅을 하다보면 흔히들 수분율을 이야기 합니다. 생두내의 수분은 온도가 상승하면서 100℃ 이상에서는 기화되어 빠져나갑니다.

커피로스팅이 끝나고 배출된 커피원두의 무게를 측정하면 약 13~20% 정도로 무게가 감소합니다.

손실이 발생한 무게를 계산한 값을 '수분율'이라고 합니다.

하지만 커피생두에는 체프(실버스킨, 은피)에도 수분이 포함되어 있습니다. 커피로스팅을 진행할 때부터 커피원두가 배출될 때까지 체프는 계속해서 분리됩니다. 이를 정확히 표현하면 커피로스팅에서의 '손실률'이라고 할 수 있습니다.

커피생두속의 수분은 뜨거운 열로 인하여 100℃ 이상에서 기화되며 생두내부에서 빠져나가게 됩니다.

커피생두의 온도가 약 150℃ 전후가 되면 색이 변하는데 이때부터 체프가 분리되기 시작합니다.(체프가 분리되는 시점은 로스터기마다 달라집니다.)

커피로스팅을 진행할수록 온도가 상승하며 생두내의 수분은 줄어듭니다. 생두는 수분이 줄어들며 수축하게 됩니다. 온도가 계속해서 상승하며 가스가 차고 생두는 부풀기 시작합니다. 수분은 계속해서 기화되어 빠져나가고 체프도 계속해서 분리가 됩니다.

복사열을 주 열원으로 사용하는 로스터기는 배출 후에도 많은 양의 체프가 남아 있게 됩니다. 로스팅 전체 시간이 가장 길다 보니 발현시간도 천천히 진행되고 체프 또한 동그랗게 벗겨지게 됩니다.

물론 로스터기의 특성이 달라서 드럼의 회전속도와 교반장치가 커피생두의 체프가 벗겨지는데 영향을 미치게 됩니다.

손실률을 구하는 공식은 다음과 같습니다.

100 − (**원두** (**배출양**) ÷ **생두** (**투입양**) × 100) = **손실률**(%)

예) 100 – (432(g) ÷ 500(g) × 100)= 13.6(%)

13.6%가 손실되었습니다. 즉 68(g)이 손실됩니다.

손실률은 무엇과 같다고 할 수 있을까요?

손실률을 다르게 이야기 한다면 커피로스팅에서의 사용된 '총열량'이라고 할 수 있습니다.

커피로스팅에서의 사용된 총열량이 높을수록 수분과 체프 등의 손실률도 함께 높아집니다. 총열량이 높다는 것은 손실률 또한 높다는 말과 같습니다.

손실률은 배전도와는 아주 깊은 상관관계에 있습니다. 커피로스팅에서의 배전도는 총열량과 비례관계에 있습니다. 총열량이 높을수록 배전도도 높아지게 됩니다. 그렇다고 한다면 배전도는 손실률이라고 할 수 있습니다.
손실률은 아래와 같이 볼 수 있습니다.

총열량 = 손실률 = 배전도

손실률은 디벨롭 구간과 아주 밀접한 관계에 있습니다. 배출을 어느 지점에서 하느냐에 따라 손실률이 달라집니다. 그렇다면 이렇게 이야기할 수도 있습니다.

손실률 = 원두향미

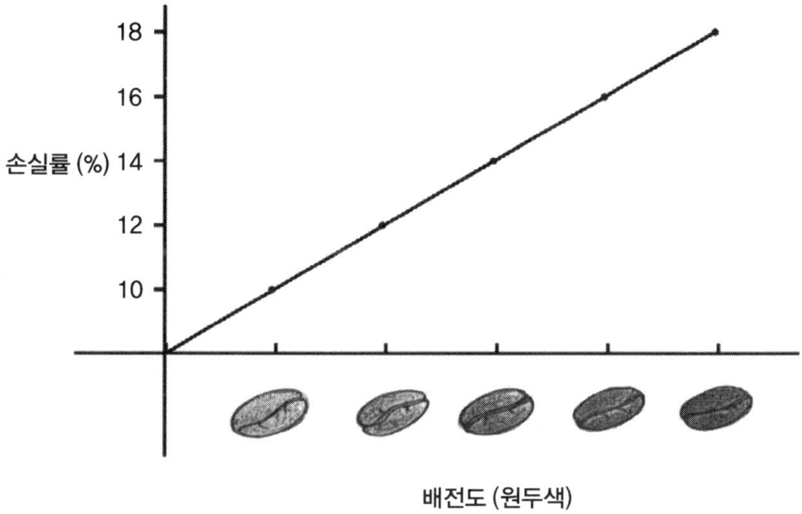

그림 8 손실률과 배전도의 비례관계

3. 디벨롭 구간 커피로스팅

디벨롭 구간의 시작은 1차 크랙 일까? 1차 팝핑 일까?

커피로스팅에서의 디벨롭 구간에서 일어나는 상황을 이야기해 보겠습니다.

커피생두 내부는 커피성분들의 화학변화로 발생하는 가스가 가득 하여 집니다.

예를 들어 설명하자면 길거리에 뻥튀기 기계에서 "뻥이요~" 하면서 "펑~" 할 때 귀를 막으며 소리를 들었던 추억들이 한번쯤은 있으실 겁니다. 뻥튀기 기계안의 압력이 급격히 올라가는데 이때 뚜껑을 열면서 나는 소리입니다.

생두 내부의 압력이 올라가면서 생두조직(섬유질벽)이 갈라지게 됩니다. 이를 '크랙(crack)' 이라고 합니다. 계속해서 압력이 올라가면 섬유질로 된 벽들은 버티지 못하고 일순간 갈라지며 센터컷은 벌어지게 됩니다. 이때 팝콘 터지는 비슷한 소리가 나게 되는데 이를 '팝핑'이라고 합니다. 생두마다 조금씩 다르지만 대부분 "딱~" 이나 "탁~" 소리로 들립니다.

디벨롭 구간의 시작을 1차 크랙이냐 1차 팝핑이냐 의견이 많습니다. 아래의 뜻을 살펴보면 좀 더 구체적으로 이해하실 겁니다.

크랙, crack의 뜻은 '갈라지다, 깨지다, 부서지다' 등으로 나옵니다. 찢어지고 균열이 생깁니다.

팝핑, popping의 뜻은 '터지다 펑 소리가 나다' 등으로 나옵니다. 압력에 의하여 터지는 소리가 납니다.

크랙은 디벨롭 구간 시작 전부터 진행됩니다. 압력에 의하여 한꺼번에 찢어지며 갈라지는 것을 1차 크랙이라 합니다. 팝핑은 생두의 특성마다 달라서 강하게 나기도 하며 약하게 나기도 합니다.

어느 말이 맞는지 틀린지를 얘기하기 보다는 독자분들이 크랙과 팝핑의 정확한 뜻을 아는 것이 중요합니다.

디벨롭 구간의 시작을 1차 크랙과 1차 팝핑을 함께 사용하며 설명할 예정입니다. 갈라지는 것을 설명할 때는 크랙이라 부르고 소리를 설명할 때는 팝핑이라고 부르도록 하겠습니다.

본론으로 돌아와서 팝핑 소리가 나기 시작하고 30초 전후를 넘어서면 동시 다발적으로 많은 소리가 나기 시작합니다. 이때를 '1차 팝핑 절정'이라고 합니다.

드럼 내부는 커피생두 내부에서 가스와 수분이 빠져나오며 일순간 온도상승이 멈추는 것 같은 현상이 발생합니다. 커피가 어렵다는 결정적 이유가 되는 한 부분으로 커피원두의 향미에 많은 영향을 주게 됩니다.

1차 크랙이 시작한 후에는 급격한 온도 상승으로 이어지기 시작합니다. 팝핑 소리가 끝나기 전부터 배출을 언제 할지를 결정해야합니다. 그렇지 않으면 원하는 원두의 향미 포인트를 순식간에 지나치게 됩니다.

1차 크랙이 끝나고 팝핑 소리가 없는 조용한 시간이 흐르는데 이를 '휴지기'라고 합니다. 그 후에 '2차 크랙'을 시작하며 "찌직~" 거리는 약한 소리가 들리게 됩니다.

좀 더 자세히 설명 드리겠습니다. 휴지기를 지나면서 산미는 점점 사라지고 단 맛이 높아지게 됩니다. 시간이 계속 흐를수록 단 맛 또한 진한 카라멜의 단 맛으로 변하며 점차 쓴 맛으로 변해갑니다. 그 후에 2차 크랙이 진행되며 커피오일이 생기며 색은 점점 짙어지며 쓴 맛이 높아집니다.

디벨롭 구간에서 사용하는 용어를 정리해 보았습니다.

'1차 크랙, 1차 팝핑, 팝핑 절정, 흡발열, 휴지기, 2차 크랙, 배출 포인트, ROR, ROR 크래쉬, DTR'

디벨롭 구간을 세부 범위로 나눈다면 1차 크랙 구간과 휴지기 구간 그리고 2차 크랙 구간으로 나눌 수 있습니다.

'디벨롭, develop' 이라는 뜻은 '발전하다'로 나와 있습니다. 커피로스팅에서의 '디벨롭 구간'의 뜻을 정의 한다면 커피원두의 향미가 '나타났다 사라지는 구간'이라 할 수 있습니다.

디벨롭 구간에서 일어나는 현상들은 너무나 복잡 미묘하여 순식간에 커피의 향미들이 생성되고 사라집니다. 디벨롭 구간에서 일어나는 현상을 이야기 한다면 책 한권이 나올 정도로 많은 현상들이 벌어지는 구간입니다.

디벨롭은 '발전하다'란 뜻인데 저는 조금 다르게 부르고 싶습니다.

디벨롭은 한마디로 '변덕쟁이며 심술쟁이'다 라고 말하고 싶습니다. 변덕이 너무 심하고 조금의 변수에도 심술을 부리며 조금만 머뭇거려도 사람들의 속과 커피원두를 까맣게 태웁니다.

생두의 종류가 조금만 달라져도 어찌나 심술을 부리는지 정말 까다롭습니다. 계절이 바뀌는 환절기에는 심술이 절정에 치닫습니다.

그나마 소형 로스터기는 심술을 적게 부리는데 중형 로스터기로 넘어가면서 심술이 심해집니다. 비가 내리는 날이나 습한 날에는 더욱 심해집니다. 그렇기 때문에 비가 오는 날에는 웬만하면 커피 로스팅은 피하시길 바랍니다.

이쯤 설명 드렸으면 디벨롭 구간을 어떻게 접근해야 할지 조금은 눈치를 채셨으리라 생각합니다. 아직 눈치를 못 채신 독자분들을 위하여 조금 더 쉽게 설명을 드리겠습니다.

디벨롭 구간은 원두향미를 발현하는데 방해하는 요소(변수)들이 너무 많습니다. 일초마다 변한다고 해도 무방하며 5초의 시간이면 로스터기 특성에 따라서 원두 향미가 순식간에 사라질 수도 있습니다. 그렇기 때문에 프로파일 작성은 필수입니다.

생두의 특성에 따라서 디벨롭 구간에서의 열량을 어떻게 대처해야 할지를 디벨롭 시크릿에서 계속 설명을 이어가겠습니다.

4. 디벨롭 시크릿 첫 번째

화산이 옆에 있어서 폭발한다면 어떻게 될까?

화산폭발은 마그마와 가스의 압력이 높아지며 폭발하게 됩니다. 우산모양의 화산재를 동반한 구름이 하늘높이 치솟게 됩니다. 상상만으로도 어마어마하고 두려움을 느낍니다.

커피로스팅이 진행될수록 커피생두의 온도는 올라갑니다. 생두 내부의 압력은 화학변화로 생기는 가스로 인해서 계속해서 높아집니다. 압력이 높아지면 어떻게 될까요?

그렇습니다. 당연히 폭발합니다.

저는 디벨롭 구간에 대하여 자주하는 이야기가 있습니다. 커피로스팅의 프로파일 전체구간은 디벨롭 구간을 위하여 존재한다고 이야기를 합니다.

커피로스팅 전체 구간 중에서 가장 핵심이 되는 구간이 디벨롭 구간입니다.

이제 '첫 번째 비밀'을 전해드리겠습니다.

그전에 1차 크랙 현상을 다시 한번 설명 드리겠습니다.

커피생두의 내부 압력이 높아지면 결국에는 폭발하게 됩니다. 이를 '1차 크랙'이라고 하며 '1차 팝핑'이라고 부르고 있습니다. 이때 생기는 압력의 폭발로 생두의 센터컷이 벌어지며 생두내부의 가득했던 가스와 증기는 일순간에 드럼으로 쏟아져 나오게 됩니다.

드럼 내부는 생두에서 나오는 증기와 가스로 인하여 압력이 높아집니다. 그리고 순간적으로 생두의 온도상승이 멈추는 현상이 일어납니다. 이 현상을 'ROR 크래쉬'라고 합니다.

첫 번째 비밀은 'ROR 크래쉬' 현상입니다.

잠깐 온도 상승이 주춤거리지만 시간이 흐르면서 드럼 내부의 압력은 이내 정상으로 돌아옵니다. 이후에 커피생두의 온도가 급격히 상승하는 현상이 발생합니다.

1차 크랙 이후 생두의 수분은 급격히 줄어들게 됩니다. 섬유질로 된 생두는 불에 타기 쉬운 상태로 변하게 됩니다. 1차 크랙 전까지는 생두는 계속해서 열을 흡수합니다. 1차 크랙 이후부터는 생두로 열이 이동을 하자마자 머물 곳이 없으므로 다른 생두로 이동하며 생두의 온도는 순식간에 상승을 하게 됩니다.

이를 흡열과 발열이 동시에 일어나는 '흡발열 현상'이라고 합니다.

ROR 크래쉬나 흡발열 현상 등은 생두의 특성에 따라서 차이가 나게 됩니다. 다시 한번 강조하지만 생두의 특성을 이해하는 것이 너무나 중요합니다.

커피생두는 품종만 하더라도 너무나 많습니다. 생두종류는 1,000종류가 넘습니다. 대륙별과 나라별로 다르며 지역별 환경의 영향으로 생두특성이 달라집니다. 생두의 수분이 달라지고 섬유질의 조직이 정제방법과 건조에 따라서도 달라지며 보관 상태에 따라서도 생두의 수분함량이 달라집니다.

위의 모든 것이 ROR 크래쉬가 발생하는 원인이 됩니다. 열량조절을 어렵게 만드는 원인이 되며 원두의 향미를 발현하는데 방해하는 요소가 됩니다.

조금 더 자세히 설명하겠습니다.

밀도가 단단(높고)하고 수분함량이 많은 생두는 1차 크랙(팝핑)이 절정으로 진행 될수록 생두내의 증기와 가스가 드럼으로 빠져나오며 온도상승이 느려지게 되는 현상이 발생합니다.(생두의 11%의 수분과 12%의 수분 차이는 로스팅에서 큰 차이가 나게 됩니다. 디벨롭 구간에서는 가장 큰 변수로 작용하게 됩니다.)

커피로스팅이 어렵다는 여러 가지 이유 중의 하나가 이 부분 때문입니다. 왜냐하면 눈에 보이지 않는 생두의 증기와 가스 등이 드럼내부의 압력에 변화를 주기 때문입니다.

소형(홈) 로스팅에서는 느끼지 못하는 경우가 많습니다. 로스터기 특성과 환경의 영향으로 못 느낄 수 있습니다. 왜냐하면 상업용 로스터기의 온도계 센서처럼 민감하게 측정을 못하기 때문입니다. 가정에서 쓰는 소형 로스터기 대부분이 간단한 온도 측정만 하는 온도계를 사용하는 것도 이유가 됩니다.

하지만 소형 로스터기를 사용하시는 분들은 크게 걱정 안하셔도 됩니다. 로스터기가 상업용이나 대형로스터기와 같이 커질수록 변수 또한 높아집니다. 다르게 이야기하면 소형 로스터기는 미미한 변수로 작용하게 됩니다.

커피는 '정답이 없다' 커피로스팅도 '정답이 없다'라고 이야기들을 많이 합니다. '정답이 없다'라고 이야기하는 것은 많은 이유들이 있습니다. 왜냐하면 로스터기의 종류와 특성이 너무나 다양하기 때문입니다.

드럼의 재질과 두께, 회전속도와 교반장치, 배기장치 등의 다양한 특성들로 인하여 변수가 발생합니다. 여기에 생두의 특성까지 더해지다 보니 ROR 크래쉬 같은 현상도 발생하기에 커피로스팅이 어렵다는 말들을 합니다.

하지만 걱정하지 마시길 바랍니다. 어렵지 않았다면 저는 아마도 커피로스팅을 하지 않았을 수도 있습니다. 어려웠기 때문에 지금도 지속적으로 찾고 있으며 쉬운 방법을 찾아서 전하려고 계속해서 노력할 것입니다.

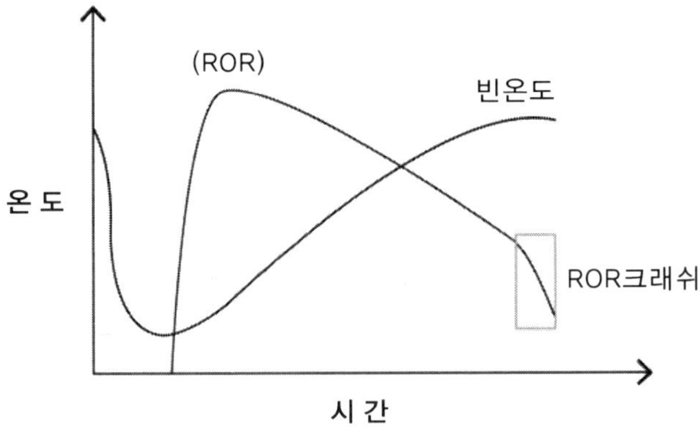

그림 9 ROR 크래쉬 그래프

5. 디벨롭 시크릿 두 번째

커피생두에서 커피원두로 변하는 시점은 어디일까?

'DTR(Develop Time Ratio)' 이라고 들어보셨나요?

커피로스팅 전체시간에서 디벨롭 구간의 시간이 가지는 비율을 말합니다. 1차 크랙 시작부터 원두 배출까지의 시간이 얼마만큼 걸렸으며 전체 커피로스팅 시간에서 어느 정도가 되는지를 비율로 나타냅니다.

커피로스팅에서의 DTR 값에 대하여 여러 가지 의견들이 많습니다. 팬, 소형, 중형, 대형의 로스터기 전체로 보았을 때는 저의 생각으로는 DTR 값은 정답이 없습니다.

상업용 로스팅에서의 프로파일을 작성할 때 DTR 값을 일정하게 유지하는 것은 커피원두의 발현에 있어서 매우 중요한 부분이 되기도 합니다.

그렇지만 더 중요한 것은 DTR 값보다 생두의 특성을 어떻게 디벨롭 구간에 대입할 것인지를 생각해야 합니다. 열원마다 로스터기 종류마다 생두마다 DTR 값은 달라집니다.

원두향미 발현의 한 부분으로 생각하면 됩니다.

이제부터 더욱 중요한 비밀을 설명 드리겠습니다.

비릿하고 딱딱하며 떫고 시큼한 맛이 나는 먹기 힘든 커피생두가 언제쯤 먹기 좋고 향기 좋은 커피원두로 변하였는지를 알아야 합니다. 커피생두가 가지고 있던 커피성분이 원두의 커피 향미로 변하는 시점에 배출해야 합니다.

독자분들은 애용하는 로스터기가 있을 겁니다. 아직 없으시다면 천천히 자기에게 맞는 로스터기를 찾으셔서 구입하시면 됩니다.

로스터기가 있으신 독자분들은 본인 로스터기의 배출 포인트가 정확히 어디 인지를 알고 있으신가요?

배출 포인트는 로스터기의 열원에 따라서 달라집니다.

가스열원을 사용하는 로스터기는 대략 1차 크랙 절정 이후에서부터 2차 크랙이 시작하는 전후가 배출 포인트입니다. 전기열원을 사용하는 복사열 로스터기는 1차 크랙이 끝난 시점인 휴지기 시작부터 2차 크랙의 시작 전후가 배출 포인트가 됩니다.

물론 특정한 생두나 강배전의 목적을 가지는 커피로스팅은 2차 크랙이 끝난 이후에 배출하기도 합니다.

커피로스팅에서의 커피원두 배출을 언제쯤 해야 하는지를 안다는 것은 매우 중요합니다. 원하는 향미의 원두가 언제쯤 만들어 졌는지를 모른다는 것은 설익은 과일을 따서 먹는다거나 쓴 맛이 나는 달고나를 먹는 것과 비슷합니다.

원하는 향미가 발현 되었는데도 배출포인트를 지나쳐 버리면 센터컷이나 원두가 타버리거나 원하는 커피향미가 발현되기 전에 설익은 원두를 배출하는 결과를 계속해서 반복하게 됩니다.

두 번째 디벨롭 시크릿은 '배출포인트' 입니다.

저에게도 배출 포인트가 커피로스팅에서의 가장 어려웠던 부분이었습니다. 로스터기가 바뀔 때는 더욱 어려웠습니다. 로스터기 종류가 너무나 다양하고 커피생두의 특성들이 너무나 다양하기 때문에 배출 포인트를 정확히 잡는다는 것은 어려운 일입니다.

독자분들의 로스터기는 종류가 다양할 것이며 사용하는 커피생두의 종류도 너무나 다양할 겁니다. 로스터기의 다양함과 커피생두의 특성이 다양하기에 배출 포인트 또한 다양하게 됩니다.

이제부터 배출 포인트를 잡는 방법을 설명하여 드리겠습니다.

배출 시점(포인트)을 약 5단계로 나누었습니다.
크게 '초, 중, 후'로 나누었으며 그 사이에 '초중, 중후'를 넣었습니다.

'초, 초중, 중, 중후, 후'의 다섯 곳을 배출 포인트로 하고 있습니다.

커피원두가 가지는 맛은 첫째는 산미, 둘째는 단 맛, 셋째는 고소한 맛, 넷째는 쓴 맛이 있습니다. 1차 크랙 절정(열풍, 축열로스팅)을 넘어서면서부터 시작하거나 1차 크랙이 끝난(복사열) 지점부터 배출 포인가 시작됩니다.

아래는 제가 로스팅에 적용하는 배출 포인트입니다.

- 초반 포인트 : 산미가 가장 많은 포인트
- 초중반 포인트 : 산미와 단 맛이 가장 많은 포인트

- 중반 포인트 : 부드러운 산미에 단 맛이 가장 높은 포인트
- 중후반 포인트 : 약한 산미에 카라멜의 단 맛과 바디감이 생기는 포인트
- 후반 포인트 : 초콜릿의 단 맛에 바디감이 좋으며 쓴 맛의 여운이 많은 포인트

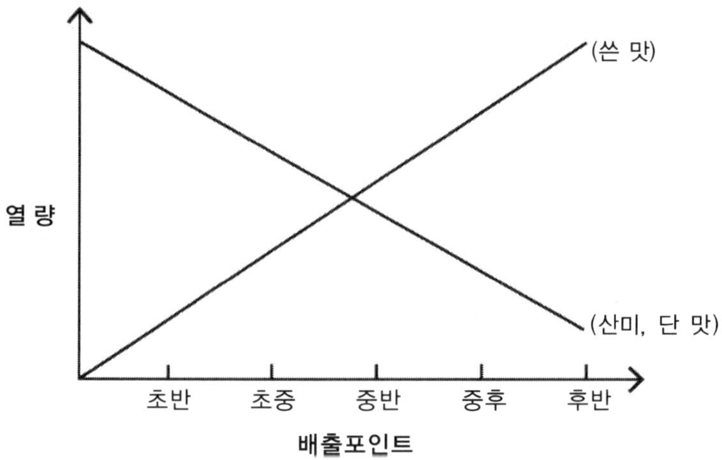

그림 10 배출포인트에 따른 향미 변화

배출포인트에 정확한 배출을 한다는 것은 쉽지 않습니다.

그렇기에 로스팅 프로파일 작성은 필수입니다. 시간과 열량 온도를 기록하고 1차 크랙이 오는 지점, 팝핑 절정 지점, 끝나는 지

점, 휴지기 시작과 끝나는 지점의 온도 등을 기록해야 합니다.

배출 포인트를 안다는 것은 디벨롭 구간의 커피생두 상태를 안다는 것입니다. 그러나 정확하게 알아야만 원하는 커피향미를 만날 수 있습니다.

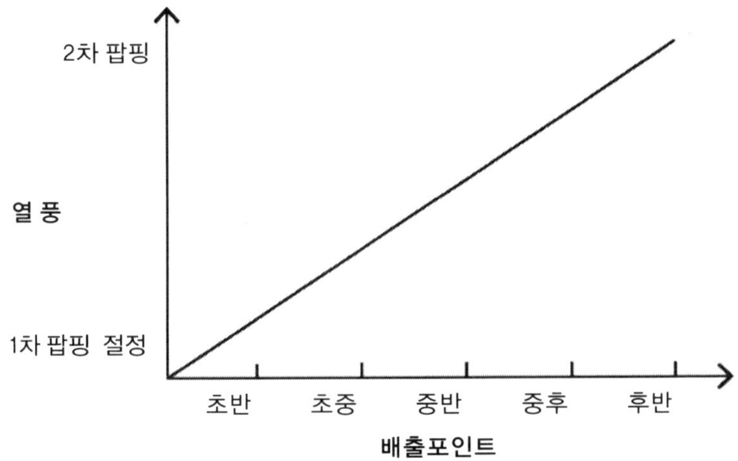

그림 11 열풍 로스터기 배출포인트

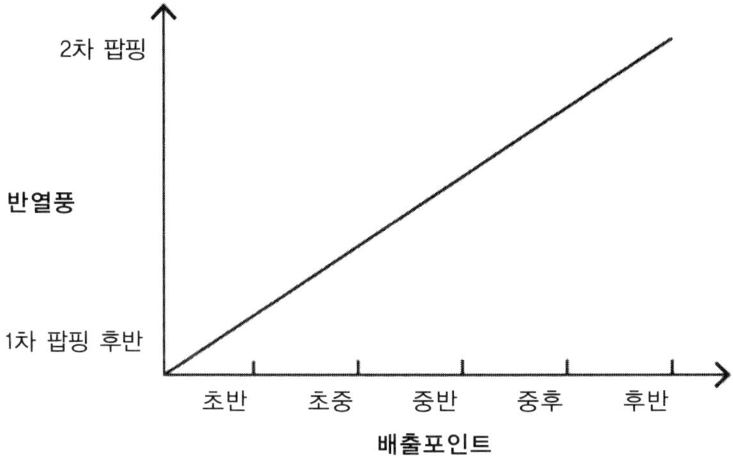

그림 12 반 열풍 로스터기 배출포인트

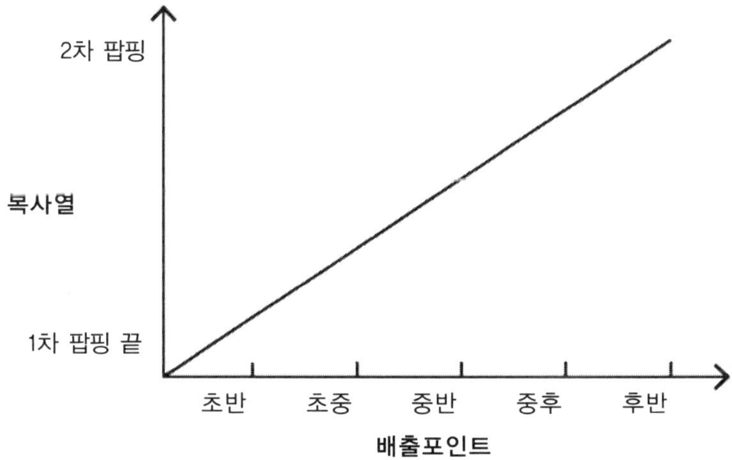

그림 13 복사열 로스터기 배출포인트

6. 디벨롭 시크릿 세 번째 – Door Key

램핑 다운이 시크릿을 푸는 열쇠일까?

디벨롭 구간을 ‘비밀의 방’이라고 가정 한다면 분명히 잠겨 있을 것입니다. 문이 잠겨있다는 것은 열수 있는 ‘열쇠’가 있다는 것을 의미할 수 있습니다.

이제부터 비밀의 방을 열수 있는 열쇠를 알려 드리겠습니다. 독자분들은 제가 드리는 열쇠를 이용하여 문을 열기만 하면 됩니다.

커피 생두는 복잡 미묘한 커피성분과 구조적 특성을 가지고 있습니다. 커피 생두는 한마디로 표현할 수 없을 정도로 많은 특성들을 가지고 있습니다.

커피생두는 약 100만개의 허니콤 구조로 되어 있기에 커피생두 한 알 안에도 다양한 커피향미가 존재할 수 있습니다. 하물며 1kg을 로스팅한다면 4~5천개 가량의 커피원두들은 얼마나 다양한 향미를 품고 있을지 생각해 보시길 바랍니다.

다양한 향미를 살리기 위하여 많은 방법들이 개발되고 로스터기는 계속해서 발전할 것입니다. 그중에서도 커피로스팅에서의 많이 쓰이는 방식은 램핑 다운을 해주는 방법입니다.

커피로스팅에서의 램핑 다운(lamping down)이란?

내리막길이나 경사로, 계단처럼 열량을 서서히 낮추어 가는 것을 말합니다.

커피생두의 구조는 특이한 구조와 수분으로 차 있기에 화력을 강하게 계속해서 주는 것 보다는 일정한 시점에서 부터는 화력을 낮추어 가며 로스팅을 진행해야 합니다.

커피생두의 구조가 불에 타기 쉬운 섬유질로 되어 있으며 내츄럴 커피생두의 센터컷은 더욱더 불에 타기 쉬운 수분함량과 성분을 가지고 있습니다.

커피생두의 특성에 따라서 수분이 줄어들며 화학변화가 일어나는 구간에서부터 램핑 다운을 하며 디벨롭 전후 구간부터 램핑 다운을 해주기도 합니다.

생두의 특성에 따라서도 램핑 다운 해주지만 로스터기의 특성에 따라서도 램핑 다운을 해주는 시작점이 달라집니다.

로스터기와 생두 특성을 고려하지 않고 램핑 다운 하였을 때 발생하는 것이 'ROR 크래쉬' 입니다.

모든 커피로스팅을 할 때 마다 램핑 다운을 하는 것은 아닙니다. 커피생두의 수분과 밀도 정제방법과 건조 등의 특성에 따라서 램핑 다운을 달리 해주어야 합니다.

생두의 수분과 밀도의 차이에 따른 램핑다운의 횟수는 다음 그림 14와 같습니다.

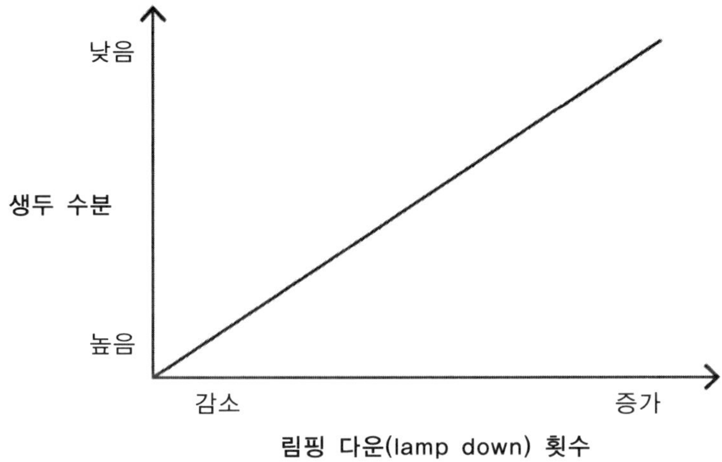

그림 14 생두 수분에 따른 램핑 다운 횟수

만약 무조건적인 램핑 다운을 하게 되면 원두커피의 향미는 단조로워질 수 있으며 텁텁한 향미를 가진 커피원두가 될 수 있습니다.

램핑 다운은 열원의 특성에 따라서 대입해야 하고 로스터기 구조의 특성에 맞게 대입해야 하며 생두의 다양한 특성에 맞추어서 대입해야 합니다.

램핑 다운이 디벨롭 비밀을 여는 '첫 번째 열쇠'입니다.

램핑 다운을 해주기 위해서는 생두 특성에 따른 온도 변화를 지속적으로 관찰해야 합니다. 커피로스팅 프로파일을 작성하며 자료를 분석하며 구축해야 합니다.

ROR 크래쉬는 1차 크랙이 시작한 후에 팝핑 소리가 연속음으로 계속 들리며 절정으로 진행될 때 발생합니다. 생두 특성을 고려하지 않고 램핑 다운을 하였을 때 ROR 크래쉬가 발생하게 됩니다. 특성을 감안하지 않고 무조건적으로 열량을 내렸다 올렸다 하게 되면 ROR 곡선은 춤을 추듯이 그려집니다.

드럼의 특성(특히 축열)은 열량을 조절한다고 즉시로 커피생두에 적용되는 것이 아니기 때문에 커피원두의 향미 발현에 가장 큰 변수로 작용하게 됩니다.

열량을 높이게 되면 드럼의 재질과 두께에 따라서 반응시간은 달라집니다. 가스열원을 높이더라도 먼저 드럼에 축열이 쌓이게 되고 쌓인 열은 생두로 이동하게 됩니다.

복사열은 열량을 높이면 할로겐 램프의 열량이 높아지며 생두로 이동하게 됩니다. 열량이 생두에 반응하는 시간은 드럼의 두께와 할로겐 램프의 반응에 따라서 달라집니다.

반대로 축열을 감안하지 않고 열량을 낮추게 되면 커피생두는 발현이 되다가 느려지거나 멈추게 됩니다. 복사열 또한 커피생두가 발현되다가 느려지게 되며 이는 밋밋하거나 텁텁한 커피원두의 원인이 됩니다.

제가 설명한 배출포인트는 '초, 초중, 중, 중후, 후' 5개로 나누었습니다.

초반에 가까울수록 산미가 좋으며 중반으로 갈수록 산미는 적어지면서 부드러워지고 단 맛이 좋아집니다. 중반에서 후반으로 갈수록 카라멜에서 초코렛의 단 맛으로 변하며 쓴 맛과 바디감이 증가합니다.

디벨롭 구간의 시간과 열량변화에 따라서 배출 포인트의 폭과 온도의 차는 좁아지기에 구간을 나누기는 쉽지 않습니다.

예를 들어서 복사열 로스터기의 경우는 195℃에 1차 크랙이 시작 되어 210℃의 1차 크랙이 끝나는 지점에 배출하였다면 210~211℃ 사이가 초반 배출 포인트가 됩니다.

211~212℃는 초중반 배출 포인트, 212~213℃는 중반 배출 포인트, 213~214℃는 중후반 배출 포인트, 214~215℃는 후반 배출 포인드가 됩니다.

축열로스팅의 경우는 축열의 양에 따라서 달라집니다.

두 번째 비밀을 풀 열쇠는 '시간과 온도'입니다.

디벨롭 구간의 시간과 온도에 따라서 원두의 향미는 달라집니다.

1차 팝핑의 시간이 2분 이상으로 길게 이어지는 것과 2분 이하로 짧게 끝나는 것은 커피원두의 향미에는 상당한 영향을 주게 됩니다.

짧다고 하는 것은 산미나 단 맛이나 쓴 맛 등의 한 가지의 맛에 집중된다는 것이며 시간이 길어진다는 것은 향미의 폭이 넓어진다는 것을 의미합니다.

길어지게 되면 산미, 단 맛, 쓴 맛, 바디감 등의 여러 가지 향미를 복합적으로 가진 커피원두가 됩니다.

복합적인 향미의 원두가 좋을 수도 있겠지만 단점도 있습니다. 커피원두 향미의 지속성입니다. 디벨롭 구간의 시간이 짧을수록 향미는 오랜 시간 지속이 되며 시간이 길어질수록 향미의 지속시간은 짧아지게 됩니다.

그러나 디벨롭 시간이 짧을수록 정확하게 배출하지 못하면 원두는 밋밋해질 수 있으며 시간이 길어질수록 원두는 텁텁해질 수 있습니다.

요즘 커피로스팅 트랜드는 전체 로스팅 시간이 9~11분 사이(로스터기마다 다름)로 디벨롭 구간의 시간은 약 1분30초에서 2분 이내의 시간에 맞추고 있습니다.

위의 시간은 많은 분들의 이야기들을 종합하여 설명 드리는 것이며 정답이 아님을 말씀드립니다.(본인의 로스팅 시간을 찾아야 하는 것입니다.)

램핑 다운을 하는 방법은 두 가지 방법이 있습니다.

첫 번째, 열량을 줄이거나 두 번째, 배기를 조절하여 열량을 조절 해야 합니다.(모든 로스터기가 해당 되는 것은 아니며 배기장치가 별도로 있는 로스터기가 해당됩니다.)

열원을 줄이게 되면 로스터기 특성에 따라서 축열과 열풍 복사열의 열량이 달라집니다. 이는 커피생두의 발현에 영향을 주게 됩니다.

열원을 미세하게 조절 가능한 로스터기라면 열원을 조절해도 상관이 없습니다. 그러나 열량조절이 향미 발현에 영향을 많이 준다면 배기로만 조절을 해야 합니다.

조금 더 쉽게 설명 드리겠습니다.

열원의 열량을 조절하면 드럼의 축열이나 열풍 그리고 복사열로스터기의 복사열이 줄어들거나 늘어나게 됩니다. 이는 주 열원의 열량이 달라지고 디벨롭 구간에서의 ROR 크래쉬가 발생할 수 있는 원인이 됩니다.

주 열원을 조절하기 보다는 배기를 조절하게 되면 드럼내의 대류열만을 조절할 수가 있습니다.

그런즉 디벨롭 구간 전후에서 열원을 램핑 다운하게 되면 원두 전체 발현이 늦어질 수 있지만 배기만 조절하면 ROR 크래쉬가 일어나는 현상만 조절할 수 있습니다.

디벨롭 시크릿 세 번째 열쇠는 '열원&배기'인 것입니다.

열원으로 열량 조절해야 할 때와 배기로만 열량을 조절해야 할 때가 다릅니다.

제가 깍쟁이라고 부르는 몇몇의 특성을 가진 커피생두는 열원으로만 열량을 조절해야 하고 배기만을 조절하여 부드럽게 달래 주면서 로스팅을 해야 달콤한 향미를 보여줍니다.

STORY 7

커피로스팅 각성-성공단계

(원리가 만드는 전문가)

1. 달고나 vs 커피로스팅
2. 로스팅을 리드하라
3. 커피로스팅 적정치
4. 착각하기 쉬운 팝핑 소리

Story 7

커피로스팅을 매일매일 성공할 수 있는 방법은?

전문가란 말은 누구나 듣고 싶어하는 말입니다. 커피로스팅 전문가란 말은 커피 로스팅을 하는 사람이라면 가장 듣고 싶은 말이 아닐까 생각해 봅니다.

그렇다면 어느 정도로 커피로스팅을 잘 하는 사람이 전문가라 할 수 있을까요?

사전적 전문가의 뜻은 '어떤 분야를 연구하거나 그 일에 종사하여 그 분야에 상당한 지식과 경험을 가진 사람'을 말합니다.

커피로스팅으로 향미 가득한 커피원두를 잘 만드는 사람을 커피로스팅 전문가라고 할까요?

로스터기를 만들거나 능숙하게 다루는 사람을 커피로스팅 전문가라고 할 수 있을까요?

커피로스팅을 잘 하는 것을 넘어서 프로파일을 분석할 줄 알고 풍부한 지식과 경험을 가지고 있으면서도 다른 사람들에게 전할 수 있다면 '커피로스팅 전문가'라고 할 수 있습니다.

세상에는 각 분야의 전문가들이 있습니다.

자기의 전문 분야에서 사람들을 가르치는 교육자도 있으며 책을 써서 지식을 전하는 사람도 있으며 자기의 지식을 수많은 대중들 앞에서 강연하는 사람도 있습니다. 이런 사람들을 흔히 전문가라고 부릅니다.

커피는 세계 사람들이 세 번째로 많이 마시는 음료임에도 불구하고 커피로스팅 분야에서는 전문가로 불리는 사람이 의외로 많지 않습니다. 커피로스팅은 너무도 다양하기에 정답이 없다는 이야기들을 하기 때문일지도 모릅니다.

커피로스팅에서의 사용하는 장비들과 발생하는 현상들, 그 부분에 대한 원리를 이해하고 적용하며 또한 전할 수 있다면 전문가라 할 수 있습니다.

정답을 알아서 전문가라고 하기 보다는 어떤 분야이든 원리를 알게 되면 결국에는 정답을 찾아 갈 수가 있기 때문입니다.

정답은 모르지만 정답을 찾아가는 길의 원리를 이해하고 적용하고 전할 수 있는 사람이라면 어떤 분야에서든지 전문가라고 할 수 있습니다.

전문가가 되기 위하여 커피로스팅의 원리를 각성할 때입니다.

1. 달고나 만들기 vs 커피로스팅

달고나 만들기 vs 커피로스팅 어느 것이 더 쉬울까?

책의 안내표지와 담기전의 글에서 '달고나 만들기 보다 더 쉬운 커피로스팅'에 대해서 설명 하였습니다.

커피로스팅이 달고나 만드는 것 보다 정말 쉬울지 아님 어려울지를 이제부터 설명하겠습니다.

독자분들 중에는 달고나를 만들어 보았거나 만드는 것을 한번 쯤은 보았을 겁니다.

가스버너 위에 국자를 올리고 설탕을 넣어서 녹을 때까지 나무 젓가락으로 저어 줍니다. 설탕이 녹았을 때 식용소다를 넣고 부풀기 시작하면 국자안의 달고나를 쟁반에 부어 주면 됩니다.

집에서 달고나를 만들면 잘 만들어 지던가요?

분명히 똑 같이 하는 것 같은데 집에서 하면 달콤하기보다는 쓴 맛이 많이 나는 이유를 혹시 아시나요? 물론 계속해서 만들다 보면 달콤하게 만드는 방법을 찾으신 분도 있으실 겁니다. 하지만 길거리에서 만들어 파는 달고나의 달콤한 맛을 내기는 결코 쉽지가 않습니다.

달고나 만들기가 쉽지 않은 이유는 의외로 간단합니다.
일단 식용소다를 넣은 후에는 불에서 조금 떨어트려 주거나 꺼주어야 합니다. 식용소다를 넣은 후 녹은 설탕은 순식간에 카라멜화가 되며 열이 조금만 강해도 타버리기 쉽습니다.

이를 과학적으로 설명한다면 열분해 반응이 일어나기 때문입니다.

'열분해 반응이란?' 열을 가했을 때 화합물의 약하게 연결되어 있는 분자들이 분해되면서 두 가지 이상의 성질이 다른 물질을 만들어 내는 반응입니다.

이때 생성되는 이산화탄소가 달고나를 부풀게 합니다.

그런데 식용소다를 넣고는 분명히 열을 줄였는데도 이상하게 쓴 맛과 탄 맛이 많이 납니다. 그 이유는 알고 보면 간단합니다. 왜냐하면 달고나를 빨리 냉각 시키지 못하였기 때문입니다.

전문적으로 만드는 분들은 넓은 철판위에다 달고나를 털어줍니다. 그 이유는 사실 간단합니다. 달고나의 열을 빨리 식혀주기 위함입니다.

물론 그 외에도 일정량의 설탕과 일정한 가스불로 만들어 주기 때문입니다. 여기에 빠르게 식혀주는 것까지 더해지는 것입니다.

일정한 패턴만 몸에 익힌다면 누구나 달고나 만들기의 전문가가 될 수 있습니다.

커피로스팅은 어떨까요?

팬 안에다 일정량의 생두를 투입하고 일정한 열량을 유지하며 일정한 속도로 교반하여 주고 1차 팝핑이 끝난 뒤 바로 꺼내서 식혀주면 향미 가득한 커피원두가 됩니다.

너무 쉽지 않나요?

예를 들어서 달고나를 만들어 본적이 없고 커피로스팅을 하여본 적이 없는 사람에게 달고나와 커피로스팅 두 가지를 시킨다면 결과는 어떻게 될까요?

물론 달고나 만드는 법과 커피로스팅 하는 법을 설명한 후에 실험을 진행할 것입니다.

저는 커피로스팅이 향미 가득한 커피원두를 만들 확률이 높다고 이야기할 수 있습니다.

달고나는 식용소다를 넣은 후부터는 열을 줄여야 하고 빠르게 국자에서 털어주지 않으면 달고나의 단 맛은 순식간에 변하게 됩니다.

그러나 커피로스팅은 달고나 처럼 순식간에 변하지는 않습니다. 1차 팝핑 소리가 끝나는 시점에서 20초 정도 지난 후에 쿨링을 해주면 향기로운 커피원두가 됩니다.

달고나는 설탕하나만을 가지고 만들기에 계속해서 만들다보면 쉬워집니다. 커피생두는 종류도 많고 특성들이 다르기에 시간이 지나더라도 모든 종류의 생두를 향기 가득한 원두로 만들기는 쉽지가 않습니다.

하지만 두 가지를 처음으로 만드는 사람이라고 가정한다면 순식간에 변하는 달고나 보다는 커피로스팅 만들기가 쉬울 것입니다.

달고나와 커피로스팅은 매우 비슷합니다.

디벨롭 구간에서 1차 크랙이 시작한 후부터는 산미가 줄어들며 단 맛 또한 열에 의해서 분해되기 시작합니다. 이때 열량을 조절해 주지 않으면 금방 탄 맛과 쓴 맛이 나는 커피원두가 됩니다. 또한 쿨링을 빨리 해주지 않아도 비슷한 현상이 발생합니다.

달고나를 국자에서 언제 털어주느냐 하는 것과 원두를 드럼에서 언제쯤 배출하느냐 하는 것이 비슷합니다. 달고나를 빨리 식혀주는 것과 배출된 커피원두를 빨리 식혀주는 것 또한 매우 비슷합니다.

그러나 순식간에 변하는 단 맛은 달고나가 더 빠르다는 사실을 명심하시길 바랍니다.

그렇다면 정말로 달고나 만들기가 쉬운지 커피로스팅 하기가 쉬운지 꼭 한번 도전해 보시길 바랍니다.

어느 것이 더 쉬울까요?

2. 로스팅을 리드하라

프로파일은 결과를 적는 걸까? 예상해서 적는 걸까?

커피로스팅의 프로파일 안에는 여러 정보들을 기록합니다. 그 중에서 가장 중요하다 할 수 있는 것은 커피생두의 온도변화를 기록하는 것입니다. 분당 변화하는 생두의 온도를 기록해야 합니다.

그렇다면 커피로스팅의 프로파일은 변화하는 온도의 결과만을 기록하는 것일까요? 결과만을 기록할 때 커피로스팅의 발전은 어떻게 될까요?

커피로스팅에서의 프로파일은 시각, 후각, 청각 등을 이용하여 진행되는 과정을 기록하는 것입니다. 프로파일 안에는 여러 가지 정보들을 기록하며 커피로스팅에서의 온도변화를 기록합니다. 커피생두의 정보 결과에 따른 손실률 등의 여러 정보들을 기록합니다.

커피포스팅이 끝난 후 프로파일 결과가 있다면 이후에는 어떻게 해야 할까요?

그렇습니다. 앞 단계에서 배웠던 원인분석을 하고 예상 프로파일을 작성해야 합니다.

많은 분들은 커피로스팅에서의 결과만을 프로파일로 기록하고 예상 프로파일을 작성하지를 않습니다. 예상을 하기는 했어도 예상 프로파일을 작성하지 않고 머릿속으로만 그려 놓는다면 어떻게 될까요? 예측하건데 다음 로스팅에서는 제대로 반영하지 못할 확률이 높습니다. 왜냐하면 사람은 망각의 동물이기 때문입니다.

이때 필요한 것이 '예상 프로파일'입니다.

커피로스팅의 결과를 프로파일로 분석하고 다음 진행할 로스팅 프로파일을 예상해서 작성한다면 향미 발현은 계속해서 발전하게 됩니다. 로스팅 결과물의 산미가 부족했거나 단 맛이 부족했거나 또는 원하는 포인트를 지나쳤다면 예상 프로파일에서는 배출온도를 조금 더 일찍 배출하거나 열량을 낮추거나 시간을 앞당겨 배출하면 됩니다.

예상 프로파일을 생각만 하는 것은 쉬울 수 있겠지만 다음 번

로스팅을 하다보면 기억은 희미해지고 열량조절이나 여러 가지 상황들 속에서 어려움을 겪을 수 있습니다.

예를 든다면 예상 프로파일을 작성할 때 디벨롭 구간 전에 열량을 낮추었다면 축열이 반응하는 시간을 예측해야 합니다. 상업용 로스터기는 축열과 대류열의 열량까지 감안하여 예상 프로파일을 작성해야 합니다. 드럼의 열량변화로 디벨롭 구간에서 ROR 크래쉬가 발생하지 않도록 1차 크랙 시작 전에 열량을 조절하거나 배기로 열량을 미세하게 조절하는 등의 예상 프로파일을 작성하면 됩니다.

이때 필히 생두의 특성인 수분함량과 밀도를 감안하여 예상 프로파일을 작성해야 합니다.

이를 '로스팅을 리드하라'라고 말하겠습니다.

상업용 로스팅에서는 디벨롭 구간에서의 열량변화를 주고자 한다면 1차 크랙 시작 전에 조절하는 것을 추천 합니다. 1차 크랙이 시작 되었을 때 열량을 조절하게 되면 ROR 크래쉬가 발생할 수 있습니다. 열량 조절은 무조건 램핑 다운해서는 안 됩니다. 로스터기 특성과 생두의 특성을 감안하여 열량을 조절해 주어야 합니다.

생두의 특성 중에서 크기가 크며 밀도가 높고 수분함량이 높은 워시드 커피생두가 있습니다. 이런 특성의 생두는 램핑 다운 보다는 화력을 유지시켜 줌으로써 열이 부족하지 않도록 해주어야 ROR 크래쉬가 발생하지 않습니다.

예상 프로파일을 작성할 때는 ROR 크래쉬 현상 뒤에 오는 흡발열 현상까지 대비해야 합니다.

그렇지 않으면 1차 크랙이 시작되고 난 후에 얼마 안 있어 2차 크랙까지 동시에 발생하는 것을 보게 됩니다.

결과 프로파일을 원인 분석하는 습관을 들이고 예상 프로파일을 미리 작성 하는 습관을 들인다면 로스팅 전문가로 가는 원동력이 될 것입니다.

3. 커피로스팅 적정치와 적정화력

풀 화력 vs 적정 화력 중에 생두는 어느 것을 좋아할까?

커피로스팅을 배우는 것은 너무 어렵습니다.

배우는 것이 어렵다기 보다는 너무 어렵게 커피로스팅을 배웁니다. 무슨 말 장난 같지만 사실이 그렇습니다.

커피로스팅은 어렵게 배워야만 하는 것일까요? 쉽게 배우는 방법은 없는 것일까요?

커피생두는 분당 10℃의 온도로 상승하는 적정한 화력을 유지해 주면 누구나 쉽게 로스팅을 할 수 있습니다.

하지만 소형 커피로스팅 관련하여 수많은 동영상에서는 풀화력으로 진행하는 것을 볼 수 있습니다. 커피생두의 특성이나 로스터기 특성을 적용하기 보다는 빠르고 강하게 화력을 주는 방법으로 로스팅을 진행합니다.

왜냐하면 커피로스팅 원리를 이해하기보다는 소형 로스터기를 가지고 상업용 로스팅 방식만을 따라가기 때문입니다.

대용량의 상업용 로스터기는 강한 화력으로 대량의 생두를 한꺼번에 로스팅을 하기에 최적화되어 있습니다. 화력이 조금만 잘못되어도 커피의 향미가 덜 발현되기도 하고 더 많이 발현되기도 합니다. 이러한 특성으로 인하여 커피로스팅의 지식이나 정보 등은 상업용 로스터기 특성에 맞도록 발전되어 왔습니다.

한번의 실수라도 한다면 수많은 생두를 버릴 수 있기에 강한 화력으로 빠르게 로스팅하고 빠르게 식힐 수 있는 방법으로 발전해 왔습니다.

상업용 로스터기로 배우거나 책을 보거나 자료를 토대로 커피로스팅을 배웠던 분들이 소형 로스터기로 로스팅을 할 때 상업용 로스팅 방식만을 따라하다 보니 어려워 합니다.

어느 정도의 시간과 열량을 주어야 할지에 대해서 정확한 자료가 없기에 본인 스스로가 찾아야 됩니다. 커피로스팅 원리를 알지 못한다면 항상 어려울 수밖에 없습니다.

가정에서 사용하는 500g 이하의 소형 로스터기는 분당 상승하는 온도를 전체 로스팅 평균 10℃가 되도록 열량을 유지하면 됩니다. 생두의 온도가 10℃가 상승하는 열량을 시작부터 1차 크랙 전까지 대입하면 됩니다. 이때 120~150℃ 사이 온도는 분당 11℃나 12℃ 상승하며 150~180℃ 사이 온도는 9~10℃ 정도 상승하면 됩니다.(생두온도 120~180℃ 평균 10℃ 상승)

1차 크랙이 오는 시점은 생두의 특성에 따라 다르지만 9~12분 사이에 오게 하면 됩니다.(소형 로스터기 특성에 따라 빠르면 8분에도 올 수 있습니다.)

커피로스팅은 한 가지 재료인 생두만을 가지고 크기가 다양한 수많은 로스터기에서 커피원두를 만듭니다. 로스터기의 특성에 따라서 생두에 미치는 영향은 달라지고 이는 향미의 발현에 영향을 줍니다.

로스터기 특성마다 화력이나 시간은 변동될 수 있습니다. 즉 분당 상승온도가 평균 15℃ 이상으로 올라갈 수 있는 것입니다.

커피로스팅 초보이거나 로스터기에 대한 확신이 없다면 분당 평균 10℃가 상승하는 화력으로 맞추시길 바랍니다. 적정한 화력으로 로스팅 한다면 달콤한 향미의 커피원두를 만날 수 있는 확률이 높아지게 됩니다.

4. 착각하기 쉬운 팝핑 소리

딱~ 하고 터지는 소리는 1차 크랙의 시작음일까?

카라멜라이징 구간을 지나며 커피생두는 계속해서 부풀어 오르게 됩니다. 온도가 계속해서 상승함에 따라서 생두는 내부의 압력을 이기지 못하고 팝콘 터지듯이 "딱~" 소리와 함께 터지게 됩니다.

중요한 한 가지를 설명 드리겠습니다.

커피로스팅을 할 때마다 생두의 투입량은 달라질 수 있습니다. 투입할 때마다 생두 1알씩 숫자를 세어본다면 종류와 크기에 따라서 달라집니다. 예를 들어서 1kg의 생두를 투입한다면 약 4,000~5,000개나 되는 생두가 들어갑니다.

수많은 커피생두들은 전부 똑 같은 상태는 아닐 겁니다. 수분함량이 미세하게 다를 수도 있을 것이며 설익은 생두나 더 많이 익은 생두가 포함될 수 있습니다.

이렇게 다양한 커피생두들은 1차 크랙 직전의 부풀어 오르는 상황들 또한 조금씩 다릅니다. 그중에서 몇 개의 생두들이 먼저 부풀어 올라서 팝핑 소리를 내면서 터지기도 합니다.

1차 크랙의 시작은 소리, 온도, 샘플봉의 원두상태와 향기 등의 여러 정보를 통해 알 수 있습니다. 많은 분들은 팝핑 소리를 1차 크랙의 신호음으로 생각합니다.

그러나 이때 조심해야 할 부분이 있습니다.

가끔씩 몇 개의 생두들은 다른 생두들 보다 1차 팝핑이 빨리 진행되기도 합니다. 이때 1차 크랙이 시작된 줄 알고 화력 조절을 하는 경우가 많습니다. 그러나 몇 개의 커피생두만 1차 팝핑이 진행되고는 1분 뒤부터 다른 생두들은 1차 팝핑이 진행되기도 합니다.

1차 팝핑의 소리는 생두 내부의 커피성분들이 화학변화하며 먹을 수 있는 커피성분으로 바뀌었다는 것을 전해 주는 신호입니다. 특정한 생두들은 1차 팝핑 소리가 미세하게 들리기도 합니다. 드럼과 생두의 회전소리에 묻혀서 팝핑 소리가 들리지 않을 때도 가끔찍 있습니다.

디벨롭 구간의 신호는 갈라지는 현상(크랙)과 팝핑 소리와 온도 등의 대표되는 3가지를 통해서 알 수 있습니다. 물론 샘플봉 안의 생두상태를 보거나 향을 통해서도 알 수 있습니다.

팝핑 소리가 났다고 해서 1차 크랙이 시작한 것은 아니며 생두의 온도를 함께 확인해야 합니다. 팝핑 소리가 연속으로 들리는 것 또한 매우 중요합니다. 팝핑 소리가 몇 번 들린 후 5~10초 이상 연속으로 소리가 나지 않는다면 1차 크랙의 시작이 아닐 수 있습니다.

디벨롭 구간의 정확한 시점을 아는 것은 원두의 향미 발현에 매우 큰 영향을 줍니다.

연속적인 팝핑 소리는 먹을 수 있는 커피원두로 바뀌었다는 매우 중요한 부분 중 하나이기 때문에 커피로스팅을 할 때마다 팝핑 소리에 집중하여야 합니다. 이 때 온도를 꼭 확인해야 합니다.

생두 종류별로 팝핑 소리가 시작하는 온도를 프로파일로 기록하는 습관을 들인다면 원하는 향미의 커피원두를 항상 볼 수 있게 됩니다.

Story 8

못다한 이야기들

1. 마른 장작과 젖은 장작 이야기
2. 종이냄비 이야기
3. 흡열과 발열 이야기
4. 댐퍼에 대한 이야기
5. 로스터기 고르는 이야기

Story 8

1. 마른 장작과 젖은 장작 이야기

커피로스팅 교육이야기 하나

캠핑을 가면 캠프파이어를 하기 위해서 장작을 사용합니다. 마른 장작을 이용한다면 불이 쉽게 붙으며 활활 타오를 것입니다.

그런데 젖은 장작을 사용한다면 활활 타오를까요?

다른 비유로 이야기 하겠습니다.

옛날 우리나라 선조들은 부엌에서 아궁이에다 장작으로 불을 때며 음식을 하였습니다. 아궁이에 마른 장작을 사용한다면 불이 잘 타오르겠지만 젖은 장작을 사용하면 연기만 나고 불이 타오르지를 않을 겁니다. 장작내의 수분으로 인하여 불이 쉽게 타오르시 않세 됩니다.

장작내의 수분이 날아가기 까지는 잘 타지 않고 수분이 기화되고 난 후에야 불이 붙고 타기 시작합니다.

그래서 장작은 늘 마른 상태를 유지하고 사용합니다.

커피생두는 약 11~12%의 수분을 가지고 있습니다.

커피생두를 장작에 비유한다면 워시드 생두는 젖은 장작에 비유할 수 있으며 내츄럴 생두는 마른 장작에 비유할 수 있습니다.

물속에서 오랜 시간 발효된 워시드 생두는 젖은 장작과 비슷하다 할 수 있습니다. 특히 센터컷(체프)이 잘 타지 않는 특징이 있습니다. 로스팅 후 배출된 센터컷 색상을 보면 원두표면 보다 밝은 색임을 알 수 있습니다.

워시드 생두는 정제과정을 거치며 센터컷의 특성이 달라집니다. 물속 발효과정의 영향으로 센터컷의 수분함량이 많아지고 로스팅 후의 배출된 커피원두는 표면의 색보다 더 밝게 나오게 됩니다.

껍질 채로 말린 내츄럴 생두는 커피체리의 점액질 성분이 그대로 커피생두와 센터컷(체프)으로 모여집니다. 특히 센터컷에 많이 모이게 되는데 이는 로스팅시에 화력이 조금만 강해도 타버리는 원인이 됩니다.

달고나를 만들 때 설탕을 녹인 후에 식용소다를 넣고는 조금만 지체해도 달고나는 단 맛이 아닌 쓴 맛이 납니다. 내츄럴 생두의 겉표면과 센터컷 또한 달고나처럼 타버리게 됩니다.

커피로스팅 후 배출한 내츄럴 원두는 센터컷의 색이 원두의 표면의 색보다 더 진한색이 됩니다. 화력조절이 조금만 늦어도 진한걸 넘어서 까맣게 타버리게 됩니다.

커피생두는 정제과정을 거치면서 마른 장작과 젖은 장작 같은 특성을 가지게 됩니다.

워시드 생두 로스팅은 많은 수분으로 생두속이 덜 익어서 떫은 맛이 나기도 하고 내츄럴 생두 로스팅은 센터컷이 타서 쓴 맛이나 탄 맛의 원인이 됩니다.

나라별 정제과정은 커피로스팅에서 중요한 변수로 작용하게 됩니다. 워시드 생두라고 다 같지 아니하며 내츄럴 생두도 달라집니다.

워시드 생두는 불에 타지 않는 특성을 가졌기에 화력을 충분히 주어야 하며 내츄럴 생두는 불에 잘 타는 특성을 가졌기에 갈변화 구간과 특히 디벨롭 구간에서 화력을 낮추어서 센터컷이 타지 않도록 커피로스팅을 진행해야 합니다.

2. 종이냄비 이야기

커피로스팅 교육이야기 둘

종이 냄비라고 들어 보셨나요?

캠핑을 좋아하시는 분들은 사시사철 한겨울에도 캠핑을 다닙니다. 캠핑에서는 코펠을 사용하여 요리를 합니다. 요즘은 차를 가지고 다니며 당일치기나 차박을 하는 분들이 늘어나고 있습니다. 차박을 하는 분들 중에는 간편한 종이 냄비를 사용하는 분들이 많습니다.

말 그대로 종이로 만든 냄비?

종이는 불에 탑니다. 그런데 어떻게 종이를 냄비로 사용하는지 처음 들어보는 분들도 있을 겁니다. 커피로스팅 교육시간에 종이로 냄비를 사용할 수 있을지 질문을 드렸을 때 처음 듣는 분들도 많다는 걸 알 수 있었습니다.

종이냄비는 말 그대로 종이를 냄비처럼 만든 것입니다. 종이냄비 안에다가 물을 넣고 가스버너 위에 올리고 사용합니다. 대부분 라면을 끓여 먹는 용으로 사용합니다.

그럼 종이냄비는 어떻게 될까요?

1번 종이니까 불에 탈 것이다.
2번 종이안의 물 때문에 종이는 타지 않을 것이다.

눈치 빠르신 분은 당연히 2번이라고 대답할 것입니다.
그렇습니다. 타지 않습니다.

그렇다면 어떤 원리로 인해서 종이냄비가 타지 않는지 설명하실 수 있으신가요?

이때 필요한 것이 열역학 법칙입니다. 열역학 제 2법칙에 의하여 가스불의 뜨거운 열이 종이로 이동합니다. 종이의 열은 물로 계속해서 이동하게 됩니다.

조금 더 쉽게 이야기하면 고온에서 저온으로 열이 이동하는 것은 다 아는 내용일 겁니다.

가스불의 열은 종이로 이동합니다. 종이냄비로 이동한 열은 물로 이동합니다. 열은 물로 이동하며 물의 온도와 종이냄비의 온도는 계속해서 같아집니다. 물은 증기로 기화하며 공기 중으로 계속해서 이동하는데 냄비안의 물이 전부 기화가 되기 전까지는 타지 않습니다.

커피생두의 내부구조는 섬유질로 되어있어서 불에 잘 타는 성질입니다. 하지만 약 11~12%의 수분으로 되어 있기에 종이 냄비가 타지 않는 것처럼 생두내의 수분이 기화되기 전까지는 타지가 않습니다.

그러나 생두의 온도가 150℃ 전후가 되어서 생두속의 수분함량이 급격히 줄어들며 생두의 색이 조금씩 변하게 됩니다. 열을 계속해서 투입할수록 생두색은 짙은 갈색이 되며 열을 더 많이 투입하면 결국에는 까맣게 타버립니다.

생두의 수분이 일정량이 남아 있을 때에는 타지 않으나 수분이 기화되며 줄어드는 디벨롭 구간을 지나면서는 타버리게 됩니다.

생두의 특성이 허니콤 구조임을 기억해야 합니다.

균일한 교반이 이루어지지 못한 상태에서 열이 너무 강하면 생두 겉면과 생두속의 수분이 달라지고 이때 겉은 타고 속은 덜 익게 되는 언더디벨롭 현상이 나타납니다.

커피로스팅은 생두의 수분을 이용해야 합니다.

생두의 수분은 그냥 있는 것이 아닙니다. 로스팅의 열전달에 필요한 필수적 요소이며 생두특성에 맞는 열량대입을 해주어야 합니다.

종이냄비안의 물이 완전히 기화되기 전의 상태를 알아야 하는 것과 같습니다. 생두내의 수분이 거의 빠지기 직전의 상태를 이해할 때 원두의 향미는 최고로 발현됩니다.

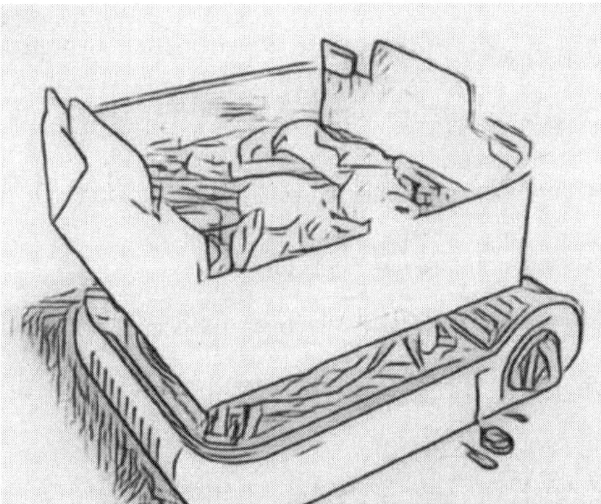

그림 15 종이냄비

3. 흡열과 발열 이야기

커피생두는 진짜 발열을 하는 걸까?

디벨롭 구간에서 열을 흡수만 하던 커피생두는 흡수하던 열이 머무를 수분이 부족하기에 동시에 열을 방출합니다.

이때의 상태를 흡발열 이라고 합니다. 그러나 조금만 생각해 보면 흡발열은 다른 구간에서도 발생합니다.

커피로스팅에서의 생두는 열을 지속적으로 흡수합니다.

열원에서 나온 뜨거운 열풍이나 드럼의 높은 온도의 열은 낮은 온도의 생두로 이동합니다.

드럼 내의 모든 생두들에게 열이 동시에 이동할 때 균일한 로스팅이 됩니다. 그러나 드럼의 회전속도나 교반 장치 그 밖의 최대 용량을 넘어서는 생두투입으로 인하여 어떤 생두는 열이 직접 이동하고 어떤 생두는 이동하지 않는다면 생두들의 온도는 계속해서 달라지고 균일도는 떨어집니다.

조금 더 쉽게 설명 드리면 로스터기의 최대용량보다 더 많은 생두를 투입하고 로스팅을 한다고 가정하면 드럼의 축열은 모든 생두에게 똑같이 이동하지는 않습니다.

드럼과 생두의 온도가 평행해 지는 TP 구간을 지나고 드럼의 열은 계속해서 생두로 이동하게 됩니다.

로스터기의 드럼에 직접 닿는 생두는 드럼의 축열을 계속 흡열할 것이며 그렇지 못한 생두는 자기보다 높은 온도의 생두들에게서 흡열하게 됩니다.

드럼의 뜨거운 열을 흡수하며 온도가 높아진 생두는 흡수하지 못한 온도가 낮은 생두로 열이 이동하게 됩니다.

즉 드럼에 직접 닿아서 흡열을 했던 생두는 자기보다 온도가 낮은 생두에게 발열을 할 것입니다. 좀 더 과학적으로 이야기 하면 드럼 내의 열은 온도가 높은 생두에서 낮은 생두로 이동을 합니다.

이는 생두 스스로가 발열 하는 것이 아닌 높은 곳에서 낮은 곳으로 이동하는 열이 가진 특성 때문입니다.

커피생두는 처음부터 끝까지 계속해서 열을 흡수해야 합니다. 모든 생두가 균일하게 열을 흡수할 수 있도록 열량과 회전, 교반, 적정량의 생두를 투입해야 합니다.

흡발열은 로스터기의 특성을 감안하지 않고 너무 강한 열이나 너무 많은 생두투입으로 생기며 로스팅 모든 구간에서 발생할 수 있습니다.

4. 댐퍼에 대한 이야기

댐퍼로 향미를 잡는다는 것은 무슨 말일까?

커피로스팅을 시작하면 로스터기 장치 중에서 '댐퍼'를 알게 됩니다.

커피로스팅에 관련된 서적을 보거나 동영상을 보거나 인터넷 등 많은 곳에서 댐퍼에 대한 이야기들을 합니다. 댐퍼로 향미를 잡는다는 이야기를 많이 합니다.

저도 커피로스팅을 처음 시작할 때는 댐퍼로 향을 잡는다는 이야기를 듣고는 따라서 해보았습니다. 댐퍼 장치가 없는 로스터기임에도 배기구 쪽으로 댐퍼 장치를 만들어서 사용하였습니다.

결과는 과연 어떠하였을까요?

좋았으면 지금도 댐퍼로 향미를 잡고 있겠지만 전해지는 이야기와는 달랐습니다.

생두 내부의 수분은 커피로스팅 시작부터 마지막까지 계속해서 증기가 되어 생두내부에서 빠져나갑니다. 드럼 내부의 증기는 외부로 배출을 해야 합니다.

수분이 빠져나가지 못하도록 배기를 막아버리거나 빠져나가는 속도가 느려지게 되면 생두 내부의 커피성분이 화학변화를 하는데 영향을 주게 됩니다.

향미에 좋은 영향을 줄까요? 안 좋은 영향을 줄까요?

댐퍼의 문제는 논쟁의 여지가 많습니다. 정답은 없지만 어떠한 영향을 주는지 다양한 로스터기의 예를 들어서 설명 하겠습니다.

커피 로스터기의 벤츠라고 불리는 P로스터기 또는 G로스터기는 자동 댐퍼 기능을 사용합니다.

수분과 가스(연기)의 배출 외에도 열풍의 양을 통제합니다. 자동으로 통제하고 커피원두의 향미를 최고로 발현하도록 설정되어 있습니다.

열풍 로스터기와 반 열풍 로스터기는 뜨거운 공기를 이용하여 커피로스팅을 진행합니다.

생두에서 커피원두로 변하는 과정에서 댐퍼를 닫아버리면 수분과 가스 그리고 열이 드럼내부에서 증가하게 됩니다.

댐퍼가 너무 많이 열려있으면 열풍이 외부로 빠져나가는 양이 많아지고 향미 발현에 영향을 주게 됩니다.

그렇기 때문에 특정한 로스터기는 자동 배기장치를 두어서 가장 효율적인 배기를 해주며 열량을 통제합니다.

개인 카페에서 많이 사용하는 반 열풍 로스터기는 수동 댐퍼를 사용합니다. 안정적인 배기와 열량이 유지 되도록 댐퍼를 고정으로 사용하는 것이 트렌드화 되고 있습니다.

댐퍼로 향미를 잡는 것에 고민하고 있으신가요?

커피원두의 향미에 영향을 주는 이유는 많습니다. 향미에 영향을 주는 장치와 변수들이 많은데 댐퍼에 너무 집중하고 있는 것은 아니신가요? 지금 순간에도 수분과 가스가 빠져 나가는 것을 막고 있지는 않으신가요? 댐퍼를 조절해 보았는데 그냥 향미가 조금 변한 것을 향미가 좋아졌다고 하는 것은 혹시 아니신가요?

압력 밥솥에 밥을 할 때 온도가 올라가며 밥솥내의 증기는 칙칙거리는 소리와 함께 계속해서 빠져나갑니다. 일정하게 증기가 빠져나가도록 만들어져 있으며 뜸을 들이기전 마지막으로 증기를 빼주어야 합니다. 그렇지 않으면 어떠한 결과가 발생할 지는 상상에

맡기겠습니다.

저는 배기에 대하여 아래와 같이 말하고 싶습니다.

“배기장치는 생두의 수분과 가스가 드럼내부에서 머물지 않도록 열려 있어야 하며 과다한 열량이 빠져 나가지 않도록 열려 있어야 한다.”

5. 로스터기 고르는 이야기

본인에게 필요한 로스터기는 어떻게 찾아야 할까?

제게 로스터기를 추천하라고 한다면 아래의 특성들을 먼저 살펴보시길 권유합니다.

첫 째, 교반이 잘 되어야 한다.

균일하게 커피로스팅이 되는지를 확인해야 합니다. 드럼내의 교반은 생두가 가지고 있는 커피향미를 발현 하는데 있어서 중요한 부분입니다. 교반이 잘 된다는 것은 드럼내부의 열이 커피생두에 균일하게 이동 한다는 뜻입니다.

둘 째, 충분한 열원이 공급 되어야 한다.

커피로스팅에 필요한 열이 부족하지 않게 충분히 공급되어야 하며 안정적으로 유지 되어야 합니다. 열량이 부족하게 되면 커피로스팅 시간이 늘어나고 생두의 발현이 늦어지게 되며 커피원두의 향미에 영향을 주게 됩니다.

셋 째, 회전 속도가 빨라야 한다.

드럼의 회전 속도가 느리면 커피로스팅 시간이 늘어나고 균일도가 차이가 나게 되며 향미에 영향을 주게 됩니다.

넷 째, 배기가 잘 되고 편리해야 한다.

커피로스팅은 많은 연기가 발생합니다. 로스팅 중에 발생하는 연기는 실외로 배출해야 합니다. 배기장치가 있는지 배기가 잘 되는지를 확인해야 합니다. 로스터기의 용량이 커질수록 연기의 발생량은 증가하게 됩니다.

다섯 째, 생두의 투입과 배출이 편해야 한다.

로스터기는 예열 후에 생두를 투입합니다. 생두의 투입을 편하게 할 수 있는지를 확인해야 합니다. 커피로스팅이 끝나고 원두의 배출이 빠르게 되는지를 확인해야 합니다.

배출이 느릴수록 생성 되었던 커피향미가 지속적으로 사라지게 됩니다. 배출이 빠르게 될수록 커피원두의 향미를 유지할 수 있습니다.

여섯 째, 쿨링이 빨라야 한다.

쿨링장치가 있는지부터 확인하고 있다면 얼마나 원두가 빨리 식는지 확인해야 합니다. 또한 쿨링이 강하기만 하고 체망이 체프를 제대로 걸러주지 못한다면 쿨러는 온 집안을 체프로 어지럽게 만들 수 있습니다.

커피를 얼마만큼 소비하는지에 따라서 로스터기 용량을 맞추어서 구입하시면 됩니다. 로스팅의 실력이 발전할수록 지인들과 이웃들에게 나눔은 늘어나며 조금 더 큰 용량으로 바꾸시는 분들이 많습니다. 이 부분을 꼭 참고하시어 처음 구입할 때부터 로스터기 용량을 잘 선택하시길 바랍니다.

닫는 글을 마치며

'성장형 사고방식'과 '고정형 사고방식'

세상에서 무엇을 하던지 두 가지의 갈래 길이 있습니다.

어느 길을 갈 것이냐는 본인의 선택입니다.

어느 길이 더 좋을지도 알지만 본인의 습관이 성장형 길을 싫어할 것입니다.

도전하면 스트레스 받고 힘들다는 걸 알기에 가기 쉽고 편한 고정형 길을 가도록 만듭니다.

새로운 길을 통해서 얻은 지혜는 세상의 어느 섯과 비교할 수 없는 가치 있는 것입니다.

어느 것을 택하던지 본인이 선택할 부분입니다.

하지만 이왕 선택한다면 힘들더라도 가치 있는 길을 택하길 바랍니다.

결과를 향해 가야할 길이 멀지만 한 걸음 한 걸음 걷다 보면 언젠가는 목표지점에 도달할 것입니다.

목표지점에서의 매일 매일 기쁨을 누릴 것입니다.

함께 누려보지 않겠습니까?

그렇다면 이제부터 매일매일 이 책이 전하는 원리를 본인의 것으로 만드시길 바랍니다.

자기뿐만 아니라 주위사람들도 함께 누릴 수 있습니다.

커피 뿐 아니라 다른 모든 것도 원리는 비슷합니다.

도전하는 것을 피해가기 보다 결과에서 기다리는 있을 행복하고 다 같이 누릴 수 있는 즐거움을 기대해 보시길 바랍니다.

커피로스팅은 정답은 없습니다. 그러나 쉬워지는 방법은 있습니다.

쉬워지는 방법인 원리를 이해하고 적용하고 노력한다면 커피로스팅은 어려운 것이 아니라 행복한 것이 됩니다.

지금까지 읽어주셔서 감사드리며 커피로 행복한 생활 누리시길 소망합니다.